スポーツとトランスジェンダー
――スポーツ医科学、倫理・インテグリティの見地から

貞升 彩 著

Book House HD

目次

はじめに …………………………………………………………………… 1

1　私がトランスジェンダー研究を始めたきっかけ ………………… 5

2　世界と日本におけるトランスジェンダーアスリート …………… 13

3　スポーツにおけるトランスジェンダー課題とは何か …………… 21

4　国際オリンピック委員会（IOC）による …………………………… 31
　　トランスジェンダーポリシーの変遷、オリンピック憲章や
　　国連との協調も踏まえて

5　男性と女性のフィジカルパフォーマンスの差、………………… 41
　　性別適合治療の影響

6　陸上競技の不正との闘いの歴史から、「性」を考える ………… 51

7　英国との比較から検証──日本はどこへ向かうべきか ………… 59

8　東西冷戦時代にソ連で何かあったのか …………………………… 67

9　スポーツにおけるピンクウォッシング …………………………… 77

10　二極化する世界でどう進むか ……………………………………… 85

11　終わりに：変革の時代 ……………………………………………… 93

本書は『月刊スポーツメディスン』2023年1月号（No.247）〜 2023年12月号（No.256）に「スポーツにおけるLGBTQ＋、トランスジェンダーアスリートに関連した倫理的課題」として連載されたものを加筆・修正し、再編集したものである。
ブックデザイン●青野哲之（ハンプティー・ダンプティー）

はじめに

　私が編集者の浅野将志氏から、月刊スポーツメディスンへの連載の依頼を受けたのは 2022 年 11 月で、LGBTQ+ 関連でも大きな議論となった FIFA カタール W 杯が開幕する頃だった。ちょうどその時私はトランスジェンダーアスリート関連のカンファレンスに参加するためにロンドンのアパートに滞在していた。テーブルと机がない滞在先の部屋からソファに座ってオンラインで浅野氏と面会をした。スポーツ医学雑誌から執筆依頼（しかも一年間にわたる連載）をいただくこと自体が私には驚きであり、果たして一年間も書くことがあるだろうかと思ったものである。もともと考えごとをしながら知らない街をめぐるのが好きであり、滞在先の近所にあったサッカースタジアム周囲を散歩しながら、時にロンドンの街中に向かう赤いバスに揺られながら、時に手帖にメモをして一年分のおおまかな構想を練った。そういえば、滞在先には三毛猫がおり、その三毛猫は滞在先の部屋にあるそのソファがお気に入りだった。ソファに座りながらペーパーワークをしていた私は滞在初日から全身に蕁麻疹を生じ、生まれて初めて自分が猫アレルギーを有していると自覚した。掻痒感に悩まされながら、そのソファに座り連載第一回をプロットした。時にそのソファに座り、大きなテレビでカタール W 杯も観戦した。あのソファに今日も三毛猫はくるまっているのだろうかと、これを書きながらロンドンでのあの短い滞在が懐かしくなった。

　はてさて、話を元に戻すと、本書の第一章で書いたように、整形外科医の私がスポーツとトランスジェンダー含めた LGBTQ+ に関して研究を行うには周囲から理解が得にくく、当初は大きな障壁があった。しかし、このように本書発行に至るまでになったのは、研究の重要性に理解をしてくださった千葉大学整形外科スポーツグループの先生方の理解があってこそである。

　まさに今、日本サッカー協会およびサッカー界のアクセスフォーオール政策に関わる方々には、日本サッカー界の LGBTQ+ に関する政策策定に関わるという大変貴重な経験をさせていただいている。また過去に私たちが行った調査にご協力いただいたすべてのサッカーファミリーの皆様及び、サッカー界をよりよくするためにこれまでご尽力いただいた当事者の方々、支援団体の皆様にもここで感謝の意を表したい。

　本書が日本サッカー界のみならず、スポーツ界における LGBTQ+ 理解増進とよりよいスポーツ環境づくりの一助となることを切に願う。

CHAPTER 1

私が
トランスジェンダー研究を
始めたきっかけ

はじめに

　これからLGBTQ+、中でもとくにトランスジェンダーアスリートに焦点を当てて、スポーツにおける倫理的課題は何かということを私の経験を交えて綴っていく。最初に雑誌連載の依頼をいただいたとき、正直とても驚いた。なぜなら「月刊スポーツメディスン」に抱く私の印象は、スポーツ医学の中でも王道の整形外科領域を中心にスポーツ診療に関わるテーマを扱っていて、私が行ってきたトランスジェンダー研究は一見そぐわないように思えたからだ。一方で、ここ数年社会におけるトランスジェンダー含めたLGBTQ+の人々への関心が増えたのは実感している。メディアでこのテーマが取り上げられることも増え、私の研究も徐々に学会などで取り上げていただく機会が増えた。このように雑誌に取り上げてもらうのも、時代の流れによるものとも思う。

　さて、まずは読者の皆様もすでにご存じの方が多いと思うが、用語の説明を行う。性自認や性的指向の多様性を表すLGBTQ+[1,2]、かつてはLGBTと使用されることが多かったのが、多様な性の在り方がLGBT

では包括しきれないということで、昨今はより長いLGBTQ+などが好まれて使用されるようになっている。関連するジェンダー関連用語を日本で主に使用される用語と、それに該当する英語圏で使用される用語を並べて表記したので参考にしてほしい[1]（表1-1）。本書で使用するのはLGBTQ+とし、そして日本で広く使われる用語の使用に統一させていただく。

なぜ整形外科医がジェンダーに関する研究を始めたのか？

　私は整形外科医である。この研究を行っていると、なぜこのようなテーマで研究を始めたのですかと聞かれることが多い。私がスポーツにおけるトランスジェンダー研究を始めたきっかけを紹介したい。ただし、このテーマは人々の多様な性の在り方を論じるものであり、内密性は高く維持するべきであり、アウティング（ある人の性自認や性的指向を他者に本人の許可なく暴露すること）[3]はもってのほかである。本書ではよく精神科領域の症例報告で使用する手法を用い、個人の特定につながる情報は外し、必要に応じて修正や加飾しつつ、本質的な重要な部分は読者の皆様に伝わる形を保持して、個別の事例を紹介させていただく。

　生まれは東京都の府中市、サッカーやフットサルが割と盛んな地域で兄弟や友人などサッカー好きに囲まれていた私は、幼少期よりサッカー観戦が大好きであり、週末は父親に連れられてスタジアムに観戦に行くのが習慣だった。それがきっかけで、サッカー選手の治療ができる医師になりたいとスポーツ医学を志し、出身大学である岐阜大学を卒業した

表1-1　ジェンダー関連用語、日本と英語圏での違い

日本	英語圏	意味
性自認、ジェンダー、ジェンダーアイデンティティ	gender identity	自分自身で認識している性別
性的指向、セクシャリティ	sexuality, sexual orientation	性的魅力の感じ方、その感じ方がどの方向に向いているか
身体的性別	biological sex	生まれた際に与えられた性別／染色体など生物学的観点での性別
レズビアン ゲイ バイセクシャル	lesbian gay bisexual	性自認は女性で、性的指向は女性 性自認は男性で、性的指向は男性 性的指向は男女両性
トランスジェンダー	transgender, trans　最近後者がよく使用される	身体的性別と性自認が同一ではない（性別不合を抱えている）
クィア、クエスチョニング	queer	性自認や性的指向が定まっていない、決められない
FTM/FtM	transgender man, trans man	身体的性別は女性、性自認は男性
MTF/MtF	transgender woman, trans woman	身体的性別は男性、性自認は女性
ノンバイナリー、Xジェンダー	nonbinary	性自認は男性にも女性にも当てはまらない

ジェンダーに関する用語は社会により異なり、また時代によって変容していく傾向がある。一般的に使用される用語解説に加えて、著者の欧州在住時の知見も踏まえて比較した。

後、千葉大学病院での初期研修を経て、サッカー医学で高名な千葉大学整形外科に2012年に入局した。ちょうどその前年、なでしこジャパンがW杯で優勝し、女子サッカーが盛り上がり始めたところだった。千葉県でも女子サッカーへの医学的支援を強化する流れとなり、入局早々私は千葉県国体女子サッカーチームのドクターを任されることになった。とはいえ、初期研修を終えたばかりの新人がすぐに現場でうまく順応できるわけがない。同じチームに所属するトレーナーの方とケガの対応を一緒に行い、経験豊富な先輩のドクターに、たとえばアンチドーピングの指導方法などを教えられ、それを現場で実践した。チームスタッフに支えられ、時に選手に助けられ、活動していた。サッカードクターには、日本サッカー協会が主催するサッカードクターセミナーという講習会が年2回開催され、脳振盪、循環器疾患、女性アスリートの三徴など現場で必要な知識を身につけることができる。そして、日本スポーツ協会（旧・日本体育協会）の講習会からも同様な学びを得ることができる。何より、病院で経験する診断や治療が整形外科医としての知識や経験を深めてくれた。わからないことがあれば勉強し、時に周りの人に教えてもらい助けてもらう、それで多くのことが解決できた。

　しかし2013年以降、千葉県内での活動にとどまらず、日本サッカー協会から与えられた育成年代やユニバーシアード代表のドクター業務を務めるようになり、ジェンダーに関する課題に気づくようになった。つまりはレズビアンの選手がいたり、トランスジェンダーもしくはノンバイナリーと自認する選手がいたりということに気付いた。遠征では長期間、他者とともに共同生活を行う。それに伴い、トイレ、宿泊先の部屋[4]、入浴、人間関係、月経との向き合い方、性別適合治療[5]（囲み記事）と競技との両立に関する課題があることを認識した。だが、そのようなジェンダー課題はサッカードクターセミナーでも、先輩のドクターからも教わったことはなかった。ジェンダーに関する課題や問題がチーム内で明るみになると、チームスタッフは口を閉ざし、気付かなかったことにするような雰囲気もあった。タブー視されていて、誰も口にしな

■性別適合治療とは[2),5)]

性別適合治療は性自認と身体的性別が合致しない（性別不合）を抱える人々が、性自認に合わせて現在の性別から新しい性別の身体的特徴に近づけることで、性ホルモン治療と外科的治療に分かれる。FTMの場合、性別適合治療には男性ホルモンによる治療のほか、乳房切除術、子宮・卵巣摘出術、陰茎形成術などが含まれる。MTFの場合は、女性ホルモン治療のほか、睾丸摘出術、陰茎切除、外陰部形成や豊胸手術などが含まれる。

いので周りのスタッフも選手も実際どう思っているのかわからず、困惑することがあった。

　以下に実際に私自身が経験した事例、相談された事例を供覧する。なお、個人の特定を避けるため一部情報を改変、秘匿し記載する。

事例1　月経とどう向き合うべきか、または月経を受け入れられない選手

　アスリートの医学サポートをする場合、だいたいが帯同の初日などに各アスリートの病歴、アレルギー歴、外傷歴、今抱えている障害の状態などを調査し把握する。女性アスリートの場合、これに加えて、初経はいつか、過度なスポーツ活動によって月経不順が起きていないか、月経痛の強さなど月経がパフォーマンスに悪影響を及ぼしているかなどを確認する。そして、初経が遅れていたり、無月経の状態が長く続いていたりする場合は、アスリートには婦人科受診を提案することが多い。

　女子チームに所属するある選手は、現在無月経であることを認め、「それが自分の身体にとってよくないことであるということも、婦人科に行く必要性も理解している。ただ、月経という現象と向き合い、婦人科に受診し、自分の性別を女性と認識させられるのがつらく嫌である」と打ち明けた。また別の選手は、「月経がないことは自分の親も知っているし、あなたはそれでいいと理解してくれている。月経はぜったいに受け入れられない。考えるのはいや。婦人科受診は拒否する」とある国際大会に向けて準備された選手団のための婦人科受診を拒否、精神的に不安定となり、パニック状態となるほどの事態になった。

事例2　自分のチーム内にトランスジェンダーの選手が所属しているサッカー監督からの相談

　監督は元男子サッカー選手。指導する大学女子チームは強豪チームであり、地方出身の選手も多く受け入れ、親元を離れてチームに所属している選手が多い。その分、選手とのコミュニケーションを大切にしている監督である。チームの中心選手はトランスジェンダー（FTM）であることをカムアウト（＝カミングアウト）しており、大学に通いながらサッカーを行い、そして治療費を稼ぐためアルバイトも必死に行ってきた。ある日、その選手は性別適合治療に必要なお金が貯まったので、サッカー部を引退して大学を退学する決断をし、その旨を監督に伝えた。その選手がトランスジェンダーであることは地元にいる両親は受け入れておらず、両親との関係性は不良だった。大学進学を経済的に支援したのは選手の両親であり、監督は両親に説明するように説得したが選手は

これを拒否した。監督は「本人の性自認に基づく判断が優先される。いくら家族でも、その選手の決断を選手の同意なしで無断で伝えることはできない」と、両親に伝えることはせず、選手の意思を尊重し退部を了承した。その後、選手はアメリカに渡り望み通り治療を受けた。しかし、そのことが家族に伝わってしまい、家族の怒りの矛先はその監督に向かった。「あなたが監督をしているチームに入部したからこのようなこと（性別を変えることや性別適合治療を受けること）につながった」という苦情をチーム側に申し入れた。監督は精神的にストレスを抱えていると私に打ち明けた。

事例3　女子代表チーム帯同中のドクターからの相談

　海外遠征帯同中、ドクターはある選手から、「女子代表として活動するのが苦しい、代表チームにいると女子として自分を無理に認識させられるのが苦痛である」と打ち明けられた。これは欧州ではジェンダー課題の一つと認識されているが、スポーツとジェンダーに関する「名称」の課題がある。たとえば、サッカー男子の日本代表は「日本代表」であるが、女子では「女子日本代表」と呼ばれる。それと同様、大会名に関しては、「女子Ｗ杯」と言うが、男子では「男子Ｗ杯」とは呼ばない。その理由として、男子代表である「代表」には実際は女性でも実力があれば加入できるからという説がある。また他にも女子選手のユニフォームは男子選手のそれと異なり、いわゆる伝統的に"女性らしい"とされる色やデザインが使用される。それは場合によっては、FTM選手には負担となることがある。ドクターは「選手の訴えは性自認に関する繊細な話と受け止めた。そのため他のチームスタッフにはこの話は共有してはならないと思っている。ただ、選手が深刻に考えているようなので、どうしていいかわからず相談させてほしい」と私に連絡をくれた。そのドクターも私と同じ整形外科医だった。

事例4　男子チーム帯同経験豊富なドクターからの事例共有

　かつて男子育成年代の長期間にわたる海外遠征に帯同をした際、能力が非常に高くチームで活躍が期待されていた選手がいた。その選手にとってその遠征は初めての海外遠征だった。しかし、遠征が始まると、二人部屋でもう一人の男子選手と生活をすることができない、大浴場で他の選手と一緒に入浴ができない、練習前後の着替えに戸惑い時間がかかるといったことが起きるようになった。ストレスからか、その選手は徐々に食事量も減り、元気がなくなっていった。チームスタッフは選手を心配し、本人と相談した。はっきりとした発言はなかったが、どうや

図1-1 トランスジェンダーアスリートに関する年ごとの英字新聞記事数の変化
文献検索データベース（Nexis Uni）を使用し、トランスジェンダーアスリートに関する英字新聞の数を調べると、2000年初め頃まではほぼないのが、2015年頃から急増していることがわかる。2021年には約5500本の記事が発行されていた。

ら自身の身体を他人に見られるのが苦痛と判断し、本人の意向に沿って個別で生活ができるように配慮をした。しかし、精神的な不安定さが増す一方だった。最終的に本人の意向でチームを離脱。帰国後は所属元のチームに自宅から通いながら、元気にサッカーができるようになったということだった。ドクターはもしかしたら"性"に関することだったのかもしれないと私に述べたが、実際のところは分からない。ただ、選手にとって何か耐え難いことがあったのは事実だろう。

　事例2のように性自認がはっきり周囲に伝わっていて、すでにカムアウトされているケースもあれば、性自認や性的指向がはっきりしないケース、そもそも性に関連した事例なのかすら、他者からははっきり判断がつかない場合もある。そして、自身の性に関することで選手が悩みを打ち明けたり、事例4のように個人が抱える問題がチームスタッフの想定していない形で明らかになったりした場合、多くが知識や経験不足から、チームスタッフは非常に困惑し、繊細な課題だけに他言できないことからも対応に難渋してしまう。本来このような場面で中心的役割を示さなくてはならないのはドクターだろうが、帯同するドクターの多くは整形外科医で、このような事例には慣れておらず、そのような教育を受ける機会もほぼない。私も漏れなくそうであった。

　私は徐々に、このような事例を経験したり、サッカー指導者から徐々に相談をされたりするようになったが、当時はまだトランスジェンダーアスリートという存在自体が、ジェンダー先進国であるはずの欧米ですらまだ報道は少なく（図1-1）、ましてや学術的研究はかなり限られたものだった。相談をされても正しいアドバイスができている自信もなか

った。参考になる学術的文献も少ない、セミナーで学ぶこともない、私も一人でこの課題を抱えていくのが難しくつらく感じるようになった。

　2017年、当時の整形外科医である上司にこのようなジェンダーに関する課題が、実はサッカー界に多くあるのではないかと感じていると相談した。しかし、最初の返答は「そんな話は他のドクターから聞いたことがないし、（私の）勘違いだろう」というものだった。確かに私の話は説得力に欠けるものだった。スポーツ医学界でもまだ報告がなく、私の考えは憶測と言われても仕方のないものだった。あるサッカー指導者に、「スポーツドクターを名乗るのなら、この課題にもちゃんと向き合ってほしい。自分も監督として真摯に向き合っている」と言われ、私はまずは現状把握のための研究を立ち上げることを決意した。あるサッカーコミュニティに協力いただき、非公式な形で指導者に対してアンケート調査を行った。サッカー界においてトランスジェンダーはじめジェンダー課題が多いと感じるか否かのシンプルなアンケートだったが、指導者の多くがジェンダーに関する課題が多いと感じると回答した。そしてその結果を持って、周囲やサッカー関係者に説得を行い、日本サッカー協会に協力いただき、正式に調査を行うことになり、私のトランスジェンダー研究が始まった。

参考文献
1) 職場と性的指向・性自認をめぐる現状．厚生労働省．Published 2020. Accessed December 1, 2022. Retrieved from https://www.mhlw.go.jp/stf/seisakunitsuite/bunya/koyou_roudou/koyoukintou/0000088194_00001.html
2) Ettner R, Fraser L, Goodman M, et al. Standards of care for the health of transgender and gender diverse people, version 8. Int J Transgender Heal. 2022; 23 (S1): S1-S258.
3) NHK. LGBTと"アウティング". Accessed December 1, 2022. Retrieved from https://www.nhk.or.jp/heart-net/article/28/
4) 貞升彩、山口智志．女性アスリート外来　マンスリーオルソペディクス．2020; 6月号: 71-76.
5) 性同一性障害に関する診断と治療のガイドライン（第4版改）．日本精神神経医学会．Published online 2018: 1-31. Retrieved from https://www.jspn.or.jp/uploads/uploads/files/activity/gid_guideline_no4_20180120.pdf

CHAPTER 2

世界と日本における
トランスジェンダー
アスリート

はじめに

　昨今、LGBTQ+アスリートの中でもトランスジェンダーアスリートに関する議論が多く見られるようになっている。その理由としては、トランスジェンダーアスリートのうちとくにMTF（＝トランスジェンダーウーマン、トランスウーマン）アスリートの女子カテゴリーへの参加について、インクルージョンが優先されるべきか、平等な競技への参加の機会や競技の公平性は保たれるのか、女子選手の安全性、それからスポーツにおける女性の権利をどう保障するかなど、倫理的課題が多く散見されるためである[1]。そこで、この章ではトランスジェンダーアスリートに注目して、果たして、日本も含めた世界において具体的にどの国の、どのスポーツでトランスジェンダーアスリートは活躍してきたのか、彼らの国の社会的背景などに注目して紹介していきたいと思う。

　私は2020年から2022年まで欧州委員会の運営する大学院プログラムであるErasmus Mundus Joint Master of Arts in Sports Ethics and Integrity（MAiSI）に在籍し、スポーツ倫理・スポーツインテグリティ

の学位を取得した。同学部は世界で初めてスポーツ倫理・スポーツインテグリティの学位が取得可能な大学院として設立され、私はトランスジェンダーアスリート課題についてより見識を深めるために留学した。そして、在学中の2年間で行った研究が、この章のテーマでもある「日本と世界におけるトランスジェンダーアスリートの実際」[2]であり、この研究を参考にして議論を行う。まず初めに、世界におけるトランスジェンダーアスリート、次に日本におけるトランスジェンダーアスリートをそれぞれ、最近活躍している選手を中心に焦点を当てたいと思う。そして、次に各地域の社会的背景と、トランスジェンダーの人々を含めたLGBTQ+の人々が抱える困難を論じる。

世界におけるトランスジェンダーアスリート

　ここ数年で最も注目されたトランスジェンダーアスリートと言えば、MTFアスリートであり、東京オリンピックにニュージーランド・ウェイトリフティング女子代表として参加したLaurel Hubbard（ローレル・ハバード）選手だろう。ハバード選手は男子選手として活躍していたときの最も大きな成果は国内ジュニア記録樹立とされている。そして、オリンピックの歴史上、初めて性別カテゴリーを変更して出場した選手となった[3]。実はほかに2名のトランスジェンダーアスリートがオリンピックに参加、候補選手として登録されていたのは知っているだろうか。1名はカナダの女子サッカー代表のQuinn（クィン、過去の名前：Rebecca Quinn）選手である。クィン選手はFTMでもノンバイナリーでもあるということを自身のソーシャルメディアで公表し、性別カテゴリーを変更することなく女子選手として参加した。カナダサッカー女子代表は金メダルを獲得しており、初めてトランスジェンダーアスリートとしてメダルを獲得したアスリートと注目された[4]。3人目は、アメリカBMX女子代表のChelsea Wolfe（チェルシー・ウォルフ）選手であり、大会への出場機会はなかったものの補欠選手として登録された[5]。

　さて、これまでニュージーランド、アメリカ、カナダなどいわゆる欧米の民主主義で、かつ先進国の選手を紹介してきたが、視点を変え、文化的背景が異なるトランスジェンダーアスリートについて紹介したいと思う。1人目はアメリカ領サモアの、元男子サッカー代表のJaiyah Saelua（ジャイア・サエルア）氏である[6]。サエルア氏は世界で初めてW杯予選に出場した選手である。サエルア氏はMTFであるが、性別カテゴリーを変えず男子代表として活躍し、2006年W杯予選に出場した。実はサモアでは、法律上はLGBTQ+の人々に対して刑事罰が導入されている[7]。ではなぜサエルア氏は弾圧など受けずに表舞台で活躍できた

か気になるところである。実は、刑事罰が導入されたのはかつての宗主国の影響であり、現在は法律が形骸化し、この法律の下で実際に処罰された人はいないと言われている。そのため、法律上の規定はまだあるもののサルエア氏は目立った活躍ができるのである。

アジア圏のタイでは、ムエタイのParinya Charoenphol（パリンヤー・ジャルーンポン）氏がMTFアスリートとして活躍した[8]。男性アスリートとして活躍していた頃は国内レベルの選手だったが、19歳で性別変更を行い、そして性別カテゴリーを変更した後は女性アスリートとして国際レベルまで上り詰めた。アジア圏の中ではトランスジェンダーに関して「先進国」であるタイでは、ジャルーンポン氏のほかにムエタイにもう1人、そして陸上競技界にも1人トランスジェンダーアスリートがこれまでに活躍してきた。

さて最後にアフリカ圏からウガンダの水泳選手を紹介する。Adebayo Katiiti選手はFTM選手である[8]。性別移行前は女子サッカー選手として国内トップレベルで活躍していた。その後トランスジェンダーであることをカムアウトし、男子選手として今度は水泳界で活動を開始しようと、カナダに渡りLGBTQ+の大会に出場した。しかしこの大会出場をきっかけに、大きな壁がAdebayo選手に立ちはだかった。ウガンダではLGBTQ+に対して保守的な考えがまだ一般的であり、LGBTQ+の人々は言葉により差別されるだけにとどまらず、暴行の対象となったり、そして逮捕され長期収容されたりする危険まである。Adebayo選手は自身の家族まで脅迫されるようになり「邪悪な者」と呼ばれるようになってしまった。そして、ついに逮捕された。その際、警察から服を脱がされ暴行を受けるという被害まで受けた。Adebayo選手は最終的にカナダへの亡命を決意する。

私たち日本人は普段から国外のニュースというと欧米のニュースに注目しがちであり、広く世界を見渡すことを忘れてしまう。トランスジェ

■タイの性別適合治療

タイは性別適合治療が進んだ国として世界的に知られている。

タイのバンコクにはジェンダー医療で高名な医療機関が2つあるが、2019年に私はそのうちの1つのジェンダーセンターを訪れたことがある。

ジェンダーに関わるありとあらゆる診療科が、1つの大きなそして非常にきれいな施設に集約されていた。産婦人科、泌尿器科、乳腺外科などの診療科のほか、美容医療も積極的に行われているようであり、植毛など"Hair"に関する診療科というのもあった。病院の入り口付近には美容関連のグッズが多数販売されていた。

ンダーアスリートはもちろんLGBTQ+の認知が進んでいる欧米に多いのだが、実はアフリカにも日本以外のアジアにもこのように存在する。そして、一人一人のバックグラウンドや抱える困難も様々である。彼らを知ることにより、その国が抱える事情や文化を知ることができる。

日本におけるトランスジェンダーアスリート

　日本では現役選手がトランスジェンダーであるとカムアウトするということは少ない。しかし、東京オリンピック開催を目前とした2021年6月に、サッカー女子元日本代表であり、現在はアメリカ女子サッカーリーグに所属する横山久美選手が、トランスジェンダー（FTM）であるということを自身の動画サイトとSNSで公表した[9]。また同年にはアメリカ国内で入籍をしたということもメディアで報道された。横山選手は性別カテゴリーを変更することなく、女子チームの選手として今もアメリカで活躍している。カナダのQuinn（クィン）選手をはじめ、昨今では自身のSNSでジェンダーアイデンティティをカムアウトするというのは1つのトレンドになっているように見受けられる。

　では、過去にさかのぼって日本のトランスジェンダーアスリートの活躍を振り返ってみる。私の記憶に鮮明に残っているのは、元競艇選手の安藤大将氏である。安藤氏は元々、安藤千夏という女子選手として活躍していた。2001年に「性同一性障害」であるという診断を受け、全国モーターボート競走会連合会は記者会見を開催した。この会見の中で、本人が「性同一性障害」であるということを公表し、名前を「千夏」から「大将」へ変更し男子選手として活動を開始すると発表した。今の時代に合わせて言い換えれば、FTM選手であるということである。今から約20年前のこの頃は、「LGBTQ+」や「トランスジェンダー」などの言葉はまだ認知されておらず（おそらくまだ欧米でも広くは認知されていなかった）、それ以上に、現在は差別的ニュアンスが強いため使用されることも少なくなった「性同一性障害」という言葉でもって安藤選手のジェンダーが表されたが、その「性同一性障害」がやっと用語として定着し始めるという時代背景があった。2001年にドラマ「金八先生」で俳優が「性同一性障害」（FTM）役を演じて注目され、この言葉の認知度が国内で一気に上がった。まだ「性同一性障害」が広く知られていなかった当時、私はこの会見をテレビで見て強い衝撃を受けた。またメディアでもかなり大きく取り上げられていたと記憶している。この頃は今と異なりSNSなどの情報発信のツールもなかったため、記者会見を通じてのカムアウトだったが、今思えば時代の流れを感じさせる。現役中にトランスジェンダーであるということを公表し、性別カテゴリーを

図2-1 トランスジェンダーアスリートとLGBTQ+に対して刑事罰もしくは死刑を導入している国の分布[2]

変更し、新しい性別カテゴリーに参加したトップレベルの選手として安藤大将氏の存在はとても大きい。

　さて、最後にもう一人、現役で活躍中の国内のトランスジェンダーアスリートについて紹介する。ボクシングの真道ゴー選手である。FTMアスリートであり、以前は女子選手としてWBC女子世界フライ級王者に輝いた素晴らしい実績を有する選手である。2017年に性別移行手術を受け、性別を変更、同時に引退を発表した。その後結婚をし、現在は男性として生活している。最近、今後男子選手としての復帰を希望していることを発表し、日本ボクシングコミッションがルール作成のために協議を継続している[10]。ボクシングはスポーツの中では危険度が高いコンバットスポーツで、時に死亡例を含めた重大かつ不幸な事故が起きる。このような特徴を持つボクシングにおいては、インクルージョンも大切であるが、安全性を重要視する必要がある。ボクシングに関する国内外の動向は別の章で詳細に述べたいと思う。

LGBTQ+に対する刑事罰導入などの社会的背景とトランスジェンダーアスリート

　世界のトランスジェンダーアスリートで先述したように、LGBTQ+に対して刑事罰を導入している国が世界には存在する。Human Dignity Trustのホームページでは LGBTQ+、同性間での性行為、トランスジェ

ンダーというアイデンティティを公表することなどに対して刑事罰を導入している国、最高刑として死刑を導入している国を世界地図上で見ることができる[7]。また、その国でどのような法律が施行されているか、主にどのようなLGBTQ+事案があるかなど時系列で閲覧可能である。たとえば、イランはイスラム教国家であり、その厳しい戒律から同性間での性行為を法律で禁じている。2022年の2月には男性同士での性行為が行われたことによって、2名が死刑となっている。しかし、これは残念ながら珍しいことではない。LGBTQ+の人々をターゲットにした殺人、不当な逮捕、基本的人権を損害することなどは頻繁に起きている。

　また、つい最近の出来事としてはロシアにおいてもLGBTQ+に関して、伝統的な家族の価値観を揺るがすものとして刑事罰化された。現在、LGBTQ+に関する書籍なども禁じられ、インターネット空間における規制も強化されつつある。このように権威主義国家、イスラム教国家などにおいてはLGBTQ+に対して保守的な考えがまだ普遍的である。当然ながら、このような国ではLGBTQ+の人々は自身のジェンダーアイデンティティを公表することは命の危険にさらされる可能性があり、公表を控える。当然、そのような国でトランスジェンダーアスリートの活躍が見られることは極めて稀である。私の行った研究は英字新聞調査であるため、把握できていないトランスジェンダーアスリートが非英語圏に存在する可能性はリミテーションとしてあるが、調査の範囲で判明したトランスジェンダーアスリートが存在する国とLGBTQ+に対して刑事罰を導入している国一覧（図2-1）を参照してほしい。先述の通り、サモアについてはLGBTQ+に対して刑事罰を定めている法律がすでに形骸化していること、ウガンダについては該当する選手は刑事罰の導入されていないカナダに亡命している。

　世界を見渡せば、LGBTQ+の人々が命の危険にさらされる可能性が高い国や、逮捕されてしまうような国は権威主義国家を中心にまだ多くある。そのような国では一般のトランスジェンダーの人々が生活するのは困難であることから、当然トランスジェンダーアスリートが存在することは極めて稀ということになる。一般社会で虐げられれば教育もだが、スポーツへの参加の機会も制限される。彼らが表立って活動することは、ほぼない。

　そして、民主主義国家においてもまだ差別、精神的・身体的暴力などの課題が多くあるうえ、性別変更に必要な法的手続きなども国によって異なり、法律によっては当事者に大きな障壁となる[※]。ドイツなどのように手術要件はなく、自認する性別に合わせてIDカードの性別が変更可能という国もある。そういった法的な手続きの有無は当然ながらトラ

※連載発刊日の情報に基づく。2023年10月25日に生殖機能をなくす手術を性別変更の事実上の要件とする性同一性障害特例法の規定は違憲であり無効と最高裁判所によって司法判断がなされた。詳細は第11章で追記し述べる[11]

ンスジェンダーの人々の社会での生活のしやすさ、または生きづらさにつながる。法的な手続きなど煩雑性を増せば、性別を変更することへの障壁は高くなる。結果として、そのような煩雑性はトランスジェンダーアスリートの人口が多いかどうか、彼らにアスリートとして活躍できる機会があるかということに影響を及ぼす。私たちが知っておくべきなのは世界は広く、様々な国があり、社会的背景が異なること、そのため世界を画一的で単純なものとして語ることはできないということだ。

参考文献

1) Knox T, Anderson LC, Heather A. Transwomen in elite sport: Scientific and ethical considerations. J Med Ethics. 45(6): 395-403, 2019.
2) Sadamasu A. A critical review of media representations of transgender athletes. Master Thesis of Master Arts of Sport Ethics and Integrity.
3) Jewers C. New Zealand's transgender weightlifter Laurel Hubbard will be shielded from trolls as she prepares to make history at the Tokyo Olympics. MailOnline. July 30, 2021.
4) Rebecca Quinn, first trans athlete to win an Olympic medal at Tokyo 2020. CE Noticias Financieras English. August 7, 2021.
5) Raskin A. BMX rider Chelsea Wolfe becomes Team USA's first transgender Olympian after qualifying for Tokyo Games as an alternate. MailOnline. June 18, 2021.
6) Faatau'uu-Satiu G. Football's first fa'afafine: trans rights trailblazer Jaiyah Saelua on stardom and sisterhood; fa'afafine athlete and advocate Jaiyah Saelua, and Kaimana, the fa'afafine actor who will play her in Taika Waititi's latest film, find shared celebration i. The Guardian (London). July 31, 2021.
7) Human Dignity Trust. Map of countries that criminalise LGBT people. Published 2022. Accessed April 21, 2022. https://www.humandignitytrust.org/lgbt-the-law/map-of-criminalisation/?type_filter=crim_lgbt%0A
8) Stevens D. Beautiful boxer. The New York Times. February 25, 2005: 13.
9) Orlowitz D. Biden praises' inspiring' Kumi Yokoyama and Carl Nassib for coming out. The Japan Times. June 23, 2021.
10) 真道ゴー選手について. Pride Japan. Accessed January 2, 2023. https://www.outjapan.co.jp/pride_japan/news/2022/8/23.html
11) 裁判所. 性別の取扱いの変更. Published 2023. Accessed January 2, 2023. https://www.courts.go.jp/saiban/syurui/syurui_kazi/kazi_06_23/index.html

CHAPTER 3

スポーツにおける
トランスジェンダー課題とは
何か

はじめに

　第2章で日本と世界におけるトランスジェンダーを紹介したが、その際にアスリートの出身国の社会的背景に触れた。国によって文化的背景が異なり、たとえばイスラム圏ではLGBTQ+が刑事罰化されている。反面、欧州にはSelf IDを導入し、法律上の性別変更には性別適合手術要件を含まず、自認する性別に基づいて性別変更が可能な国もある。しかしそのようなジェンダーに関して比較的寛容で先進的であると思われるような国でも、LGBTQ+の人々は多くの困難を抱えており、さらにスポーツ参加をしようと思うと、それは大きな障壁として立ちはだかる。そして、中でもトランスジェンダーの人々がスポーツに参加するには、スポーツの多くが性別二元性（バイナリー）に基づくことから、より障壁が多くなる。

　第3章ではスポーツ界においてトランスジェンダーアスリートがどのような困難さを抱えているか、またスポーツ界はどのようにトランスジェンダーアスリートを受け入れるべきなのかについて、主に生活一般に

関わる社会的な点と、競技参加に関する点から論じていきたいと思う。

　はじめに、日本における性同一性障害による性別変更を認めた法律と、文部科学省によって策定された「性同一性障害や性的指向・性自認に係る、児童生徒に対するきめ細かな対応などの実施について（教職員向け）」について紹介する。その後、スポーツにおける社会的障壁と競技参加に関する課題に関して論じる。また、本邦におけるトランスジェンダーに関するここ数十年の変化を論じるにあたり、性同一性障害という用語も使用させていただくことをご理解いただきたい。

本邦における性同一性障害に関する法律と学校体育やスポーツにおける対応

　本邦では性同一性障害を抱える人々が社会生活を送るうえで様々な困難を抱えており、治療を経て性別変更を可能にすることで不利益を減らすことを目的に、2015年に「性同一性障害者の性別の取り扱いの特例に関する法律」が成立した[1]。この法律により、該当者は性別適合治療を経て「生殖腺がないこと又は生殖腺の機能を永続的に欠く状態にあること」※を満たすことなどを条件に、性別変更が可能となった[1]。

　こうした背景のもと、性同一性障害を抱える児童に対しての配慮が必要であるという考えから、文部科学省は2016年に「性同一性障害や性的指向・性自認に係る、児童生徒に対するきめ細かな対応等の実施について（教職員向け）」を制定した[2]。このガイドブックには教職員が性同一性障害を抱える児童生徒に対して、支援体制を整えること、医療機関との連携の必要性、学校生活の各場面での具体的な支援策を提示している。この具体的な支援策では、たとえば服装に関しては自認する性別に合った衣服や体操着の着用を認める、更衣室やトイレに関しては多目的トイレの使用を認める、呼称を工夫するなどが提案されている。そして、この中に「運動部の活動」にも言及があり、「自認する性別に関わ

※連載発刊日の情報に基づく。2023年10月25日に生殖機能をなくす手術を性別変更の事実上の要件とする性同一性障害特例法の規定は違憲であり無効と最高裁判所によって司法判断がなされた。詳細は第11章で追記し述べる

■トランスジェンダーに関する用語について

　日本では性同一性障害（Gender Identity Disorder）と言う言葉がかねてから使用されることが多く、現在でも法律や文部科学省が教職員向けに策定した文書では「性同一性障害」が使用されている。

　しかし、世界保健機関（WHO）の定める疾病および関連保健問題の国際統計分類第11版（ICD11）では同用語は廃止され、性別不合（Gender incongruence）に変わり、またかつては「精神及び行動の障害」に分類されていたが、現在は「性の健康に関する状態」に分類されるようになった。

る活動への参加を認める」ということが推奨されている。また、古いデータではあるものの、2014年に文部科学省が公表した「学校における性同一性障害に係る対応に関する状況調査について」では、調査対象となった学校の3.4%において、運動部での活動で実際に個別対応がなされている。

　そして、日本スポーツ協会は東京オリンピックを目前とした2020年に「体育・スポーツにおける多様な性の在り方ガイドライン」を発表した[3]。このガイドラインでは一般社会における課題から、スポーツ特有の課題まで触れられている。スポーツ界で課題となりやすいチーム分け、ユニフォーム、宿泊先での部屋割りや入浴など当事者の人々が困難を抱える場面のほか、指導者やチームメイト側の問題点として呼称、ヘイト、指導者が差別的言動を容認している環境、指導者によるアウティングなどが指摘されている。また、指導者がどのようにアスリートからのカムアウトを受容するべきか、どのように受け取った内容を整理するべきか、そのヒントも掲載されている。

　このように、トランスジェンダーの人々が学校体育やスポーツ参加を行うにあたっては、まだ多くの課題が残っている。しかしながら、一般的にメンタルヘルスの問題を抱えやすいとされているトランスジェンダーの人々が、身体活動（フィジカルアクティビティ）を行うことはメンタルヘルスを改善するという観点から、有効であると過去に報告がなされており[4]、制約を減らしていくことで、よりトランスジェンダーの人々がスポーツ参加ができるような環境づくりは必須である。

競技参加の観点から、とくにMTFアスリートの女子カテゴリー参加について

　現在欧米をはじめとして議論の中心となっているのは、(1) MTFアスリートの女子カテゴリー参加（インクルージョン）と、(2) 女子カテゴリーの公平性や、競技によっては (3) 安全性を、そして最後に (4) 女性の権利の保護を、どのようにしてすべて達成するべきかという課題である。

　まずインクルージョンについては、先述したように、トランスジェンダーの人々にとってはフィジカルアクティビティを行うことはメンタルヘルス改善につながるとされている。そして、自身のジェンダーアイデンティティに合致した性別カテゴリーで、スポーツに参加することはウェルビーイング（肉体的、身体的、社会的に満たされ良好な状態であること）の観点から望ましいことである。つまり、トランスジェンダーの人々がジェンダーアイデンティティを理由にスポーツ参加の機会が制限

写真3-1 学会で訪れた英国オックスフォード大学近くの本屋で見たジェンダー学の書棚

されたり、また参加により差別的言動の対象となったりするということはあってはならない。

　次に女子カテゴリーの公平性についてであるが、2つのポイントがある。1つ目はよく議論される競技の公平性である。MTFアスリートが女子カテゴリーに参加することにより、シス女性（身体的性別と性自認が合致している女性）アスリートが不利になるのではないかという点である。しかし、これを考えるには注意が必要である。まずスポーツには様々なタイプのものがあり、男性と女性の身体的特徴のどちらが有利となるかという点から見た場合、Female sportsとMale sportsもしくはどちらにも該当しないスポーツに分類できる[5]。Female sportsは女性の身体的特徴である身体のしなやかさや、身体のサイズが小さいこと、協調運動、バランスなどが重要なカギとなるスポーツのことで、具体的には体操や新体操、フィギュアスケートが含まれる。一方で、Male sportsは男性の身体的特徴、つまり筋力や身体が大きいこと、持久力が重要な要素となるスポーツのことであり、ラグビー、サッカー、ボクシングなどに代表され、現在のオリンピックスポーツの多くがこれに当てはまる。いずれにも該当しないものとしては馬術があり、オリンピック競技の中で唯一性別カテゴリーを有さない競技である。また、射撃やア

写真3-2 ジェンダー学とは別にLGBTQ+の書棚もあった

ーチェリーなどはスキルや集中力が重要なスポーツであり、身体的性別に左右されにくい。つまり、MTFアスリートがシス女性アスリートより有利になり得るスポーツはMale sportsということである。

　昨今、有力な医学論文が発表され、国際オリンピック委員会（IOC）が2015年に発表したIOC Consensusに代表されるようなトランスジェンダーポリシーが定めるテストステロン抑制治療を行っても効果は限定的であり、MTFアスリートが有利となることを指摘されるようになってきた。2021年にHiltonらはMTFアスリートのフィジカルパフォーマンスについてレビュー論文を発表した。これによると、IOC Consensusに定められたテストステロン抑制治療を1年間行っても筋力や筋量の減少は約5％にとどまる[6]。もともと存在する成人男女間の筋力の差は上肢で33％、下肢で40％とされる。それによって生じるフィジカルパフォーマンスの差は10％以上、スポーツによっては50％以上男性が優位とされている。よって、MTFのテストステロン抑制治療によってもたらされるフィジカルパフォーマンスの差の減少は限定的と考えられている。よってMTFアスリートが女子カテゴリーに参加した場合、シス女性アスリートが不利になるのではという論考である。一方で、2022年にはトランスジェンダーアスリートに関する論文ではないが、

前立腺がんに罹患し男性ホルモン遮断療法治療中の人々がレジスタンス運動を継続して行った場合、筋力や筋量、フィジカルパフォーマンスはどのように変化するかという研究が発表された。週2回、1回につき1時間のトレーニングを20週間行ったところ、筋力や筋量、フィジカルパフォーマンスは維持できたという結果だった[7]。この研究では、対象となった人々は前立腺がん患者であることから平均年齢は72歳と高齢であり、またそのようなバックグラウンドを有していることから過度なトレーニングはできないものの、筋力や筋量、フィジカルパフォーマンスが維持可能だったということから、もっと若く健康体であるトップアスリートでは、トレーニングの頻度や負荷を上げることによって筋力や筋量、フィジカルパフォーマンスは減少するどころか向上する可能性は否めない。

3つ目として安全性の点である。女子カテゴリーの安全性を考える場合、競技の特性についてまず着目するべきである。一般的にはスポーツはコンタクト（接触型）スポーツとノンコンタクト（非接触型）スポーツに分類でき、前者にはサッカーやラグビー、後者には陸上競技、競泳などが含まれる。そして、スポーツの危険度に注目した場合、コンタクトスポーツはさらにコンバットスポーツ、コリジョンスポーツ、その他のコンタクトスポーツに分類され、この順に危険度が低くなる[※]。

コンバットスポーツはボクシングやレスリングなど1対1で対戦する格闘型スポーツが含まれる。コリジョンスポーツは衝突型スポーツでラグビーがこれに当てはまる。このようにコンタクトスポーツにおいては安全性を検討する必要があり、それはMTFアスリートが女子カテゴリーに参加した場合には、シス女性アスリートの安全性は確保可能かという課題に向き合わなくてはならない。一般的に思春期を経たMTFの人々は性ホルモン治療を受けた場合、筋力や筋量は減少するが骨格や骨長に変化はない[6,8]。先述したように、筋力や筋量の減少も限定的であった場合、コンバットスポーツやコリジョンスポーツで、とくにシス女性の安全性が保障できるのかという懸念が生じる。MTFアスリートが女子カテゴリーに参加することに対して、差別的であってはならないという考えはもっともである一方で、昨今スポーツ医学界を中心に、脳振盪や心疾患による突然死を予防しようとする機運が高まり、重度外傷や死亡例をいかに減らすかと、予防に重きを置くようになってきている。そのような流れもあってか、たとえば、世界ボクシング評議会（WBC）は昨年トランスジェンダーポリシーを発表し、ボクシング界では頭部外傷による不幸な死も起きうるスポーツであることから選手の安全性を最優先し、MTFアスリートの女子カテゴリへの参加およびFTMアスリート

※ 2024年1月にイングランドとスコットランドのレポート（論文のSupplement 5）によって、各スポーツのケガの頻度、重症度が明らかになった。一般的に重症度が高いとこれまで認識されてきたコリジョンスポーツであるラグビー、コンバットスポーツであるボクシングと、コンタクトスポーツのサッカーで比較すると、1年間の10万人あたりの頻度はラグビー（25）＞サッカー（6.6）＞ボクシング（1.6）だった。Injury Severity Scoreが15以上となる重症度が高いケガの頻度が高いのはボクシング（72％）＞サッカー（20％）＞ラグビー（18％）でボクシングで高く、サッカーとラグビーでは大きな差は見られなかった（Davies et al., 2023）。

の男子カテゴリー参加も禁止した[9][※]。

　その2020年にはワールドラグビーもMTFアスリートの女子カテゴリーへの参加を禁止している[10]。この動きに対して、不幸な事故の件数は圧倒的に少ないため、それによりMTFアスリートの女子カテゴリー参加禁止は正当化できないという指摘があるのも事実である。果たしてほかのコンタクトスポーツでは、とくに危険度が低いスポーツにおいて、今後どのような指針を定めるのか、私は注目している。

　最後に女性の権利の保護についてである。歴史的な観点から見ると、女性は男性と比べて社会的地位が低く、そのためスポーツへの参加は制約が多かった。近代オリンピックについて言うならば、女性アスリートが初めてオリンピックに参加したのは第2回1900年のパリオリンピックだった。しかし、男性に比べると女性アスリートの数は少なかった。このように女性が競技スポーツに参加するまでに多くの時間を有した。そして、1960年代以降は女性カテゴリーにおける性別疑義が度々浮上するようになった。冷戦時代、とくに東ドイツや旧ソ連圏の女子選手にその疑いの目が向けられ、女性アスリートに扮しているのではという疑惑だった。女子カテゴリーは（身体的）女性アスリートのためのものであり、性別疑義を払拭するために1968年に性別確認検査がオリンピックに導入された。しかし、性別確認検査は医科学的に個人の身体的性別を検査し、関係者がそれを把握するため、非人道的であるという批判から性別確認検査は必須要件ではなくなった。

　女子カテゴリーについて歴史的な背景を簡潔に述べたが、男性と同じように女性がスポーツに参加し、競技スポーツを行うまでに様々な障壁があり、長年時間をかけてこれらが達成されたことは言うまでもない。

　問題は、女子カテゴリーは「ジェンダーアイデンティティが女性のためのもの」なのか、はたまた「身体的性別が女性のためのもの」なのかという点である。もし仮に、MTF選手はジェンダーアイデンティティが女性であることから、女子カテゴリーへの参加は許可されるべきであるというように前者の立場をとるならば、かつては「身体的性別が女性のためのもの」だったはずの女子カテゴリーはその意味を変えたことになる。ならば、社会的意味でも身体的・パフォーマンス的な意味でも劣勢の立場にあり、守られるべきものとされてきたシス女性アスリートの権利は、MTF選手の女子カテゴリー参加によっても同時に保護することは可能なのか、それともシス女性アスリートの権利を優先して保護するべきなのか、学術界でも議論が分かれるところである。

　このように女子カテゴリーへのMTFアスリートの参加を考える場合、注視するべき4つのポイントがある。インクルージョン、公平性、安全

※WBCの声明の後、2023年にThe Association of Ringside Physicians（ARP：格闘技選手をサポートをする医師が集まる国際的な団体）は、過去の研究論文に基づいて、格闘技においては公平性も重要であるが、何より重要なのが安全性の確保であり、トランスジェンダーアスリートがシスジェンダーアスリートと対戦を行うことは支持しないというレビュー論文を出した。注意するべきは、FTMの男子カテゴリーも、MTFの女子カテゴリー参加もいずれにも賛同しないということである（Bascharon et al., 2023）[9]。

性、女性の権利の保護をいかに両立するか、バランスをとるかというのが難題である。全員が納得できるような唯一の万能策は残念ながら存在せず、その時々によって変わるべきものであり、つまり時代背景やそのときに存在する医科学的エビデンスおよびスポーツ哲学、社会学など学際的に方針を立て、随時変更していくということがよいのだろう。

男子カテゴリーに参加するFTMアスリートの課題

　さて、欧米での議論の中心はMTFアスリートであるが、果たしてFTMアスリートに関してはどうだろうか。一般的に、欧米においてはMTFのほうがFTMより人口が多いとされており[8]、そのため欧米のスポーツ界においても議論になりにくいということが想定される。しかし、一方で日本、イラン、ブータンなどにおける人口調査ではFTMがMTFより多いとされており[11-13]、いまだ男性中心で、男性はこうあるべきというジェンダーロール（性役割）が男性に対して強い国では、たとえばトランスジェンダーであっても言い出せず、社会で受け入れられることが難しく、相対的にFTM人口が多くなるのではと言われている。

　世界的に見て、FTMアスリートが性別カテゴリーを変更して男性アスリートとして競技に参加するには、ルール上の規制は MTFより少ない。正確には規定を明確に設けている競技団体が少ない。数少ない例として、イングランドのサッカー協会は16歳以上のFTMについて、男性ホルモン治療を受けながらの男子カテゴリー参加について、一般男性のテストステロン値を維持すれば認めるとしている[14]。全米大学体育協会（NCAA）も同様に治療使用特例（TUE）の申請を行い使用が許可された場合は男子カテゴリー参加を認めている[15]。もちろん性ホルモン治療を受けていなければ女子カテゴリーにも男子カテゴリーにも参加することができる。

　しかし、一般的にFTMの性別適合治療で使用されるテストステロンは世界ドーピング機構（WADA）の禁止物質に指定されている。よって、仮に国内で競技継続が認められていても、これが世界大会など国外の大会で同様に使用が許されるのかは分からず不明な点が多い。

　一方、思春期以降に性ホルモン治療を開始した場合、筋力や筋量は増強するが、骨格や骨長の変化は伴わない。したがって、競技力の観点からは男子カテゴリーへの参加は不利になる可能性は否定できず、実際男子カテゴリーに参加するFTMアスリートの数は多くはない。しかし、例を挙げれば、NCAA競泳界にはFTM選手が男子カテゴリーに参加しており、欧州においても他のスポーツで男子カテゴリーへの参加は散見される。議論になりにくい理由としては、FTMアスリートが男子カテ

ゴリーにおいて優秀な競技成績を収めることは多くの競技で難しいという現実があるからと推測はできる。先述したように、スポーツの多くはMale sportsであり、男性の身体的特徴が有利となる。そのようなスポーツにFTM選手が参加することは性ホルモン治療を行っても、現時点では多数派であるシス男性を競技力で圧倒するという結果には至っておらず、そのため公平性の観点からは疑問が生じることにはなりにくい。

　では、安全性はどうだろうか。先述したように、WBCはトランスジェンダーアスリートに関して身体的性別に応じたカテゴリーへの参加のみを許可している。つまり、FTM選手は女子カテゴリーへの参加のみ許可している。ボクシングは階級を有する競技ではあるが、選手の安全性を守るという点で、インクルージョンは重要であるが、それ以上に安全性を優先する方針をとっている[16]。階級制度を利用して男子カテゴリーへの参加を許可するのではなく、性別カテゴリーでの区分を重視している。

参考文献

1) 衆議院, 性同一性障害者の性別の取扱いの特例に関する法律, (2015). https://www.shugiin.go.jp/internet/itdb_housei.nsf/html/housei/15620030716111.htm.
2) 文部科学省初等中等教育局児童生徒課, 性同一性障害や性的指向・性自認に係る、児童生徒に対するきめ細かな対応等の実施について（教職員向け）, (2016). https://www.mext.go.jp/b_menu/houdou/28/04/1369211.htm (accessed February 6, 2023).
3) 日本スポーツ協会, 体育・スポーツにおける多様な性のあり方ガイドライン, (2021).
4) B.A. Jones, J. Arcelus, W.P. Bouman, E. Haycraft, Sport and transgender people: a systematic review of the literature relating to sport participation and competitive sport policies, Sport. Med. 47 (2017) 701–716.
5) I. Martínková, Unisex sports: challenging the binary, J. Philos. Sport. 47 (2020) 248–265. https://doi.org/10.1080/00948705.2020.1768861.
6) E.N. Hilton, T.R. Lundberg, Transgender Women in the Female Category of Sport: Perspectives on Testosterone Suppression and Performance Advantage, Sport. Med. 51 (2021) 199–214. https://doi.org/10.1007/s40279-020-01389-3.
7) L.H.P. Houben, M. Overkamp, P. van Kraaij, J. Trommelen, J.G.H. van Roermund, V.P. De, K. de Laet, S. van der Meer, U.R. Mikkelsen, L.B. Verdijk, L.J.C. van Loon, S. Beijer, M. Beelen, Resistance Exercise Training Increases Muscle Mass and Strength in Prostate Cancer Patients on Androgen Deprivation Therapy, 2022. https://doi.org/10.1249/MSS.0000000000003095.
8) Davies, M., Lawrence, T., Edwards, A., McKay, C., Lecky, F. E., Stokes, K. A., & Williams, S. (2023). Sport-related major trauma incidence in young people and adults in England and Wales: a national registry-based study. Injury Prevention, ip-2023-044887. Retrieved from 10.1136/ip-2023-044887
9) Bascharon, R., Sethi, N. K., Estevez, R., Gordon, M., Guevara, C., Twohey, E., Bascharon, R., Sethi, N. K., Estevez, R., & Gordon, M. (2023). Transgender competition in combat sports : Position statement of the Association of ringside physicians Transgender competition in combat sports : Position statement of the Association of ringside physicians. The Physician and Sportsmedicine, online first. Retrieved from 10.1080/00913847.2023.2286943
10) World Rugby, World Rugby transgender guideline, (2020). https://playerwelfare.worldrugby.org/gender.
11) T. Baba, T. Endo, K. Ikeda, A. Shimizu, H. Honnma, H. Ikeda, N. Masumori, T. Ohmura, T. Kiya, T. Fujimoto, M. Koizumi, T. Saito, Distinctive features of female-to-male transsexualism and prevalence of gender identity disorder in Japan., J.

Sex. Med. 8 (2011) 1686–93. https://doi.org/10.1111/j.1743-6109.2011.02252.x.
12) A. Talaei, A. Hedjazi, N. Badieyan, M. Maliheh, D. Nasim, The epidemiology of gender dysphoria in Iran: the first nationwide study, Arch. Sex. Behav. (2022). https://doi.org/10.1007/s10508-021-02250-y.
13) L.K. Id, K. Kinley, Y.C. Norbu, T. Tobgay, T. Tsheten, Population size estimation of transgender women and men in Bhutan, (2022) 1–9. https://doi.org/10.1371/journal.pone.0271853.
14) The Football Association, Policy on Trans People in Football, (2014). https://www.thefa.com/football-rules-governance/policies/equality/lgbt-football (accessed March 3, 2023).
15) NCAA, Transgender Student-Athlete Participation Policy, (2023). https://www.ncaa.org/sports/2022/1/27/transgender-participation-policy.aspx (accessed March 3, 2024).
16) R. Bascharon, N.K. Sethi, R. Estevez, M. Gordon, C. Guevara, E. Twohey, R. Bascharon, N.K. Sethi, R. Estevez, M. Gordon, Transgender competition in combat sports : Position statement of the Association of ringside physicians Transgender competition in combat sports : Position statement of the Association of ringside physicians, Phys. Sportsmed. 00 (2023) 1–8. https://doi.org/10.1080/00913847.2023.2286943.

CHAPTER 4

国際オリンピック委員会（IOC）による トランスジェンダーポリシーの変遷、オリンピック憲章や国連との協調も踏まえて

はじめに

　第3章で国際オリンピック委員会（IOC）によるポリシーについて少し言及した。第4章ではIOCがこれまでに定めてきたトランスジェンダーアスリートに関する参加規程（ポリシー）の変遷について紹介したい。IOCはこれまで2003年の初版から2021年の第3版まで改訂を繰り返し行ってきたが、そこには時代背景や社会のニーズに合わせる必要性があったという明確な理由がある。ではそのIOCのポリシーの変遷について、時代背景や社会情勢などを踏まえて紹介する。

国際オリンピック委員会（IOC）とは

　そもそもIOCとはどんな組織なのだろうか。IOCはスイスのローザンヌに拠点を置く非政府の国際スポーツ組織であり、主にオリンピックをマネジメントする。そして、IOCは「1カ国1国内オリンピック委員会（NOC）」を原則としている。つまり、日本を例に挙げれば日本では日本オリンピック委員会（JOC）のみが加盟を認められている。そして、

IOCには2015年の時点で206のNOCが加盟している[1]。オリンピックは開催都市の大会組織委員会がIOCと連携をして開催するが、そのオリンピックには各国NOCに登録された選手がオリンピック選手として派遣され参加する。

　加えて、IOCは「1競技1国際競技団体（IF）」の規則も持ち合わせている。サッカーを例に挙げるならば、IOCはサッカーの国際競技団体として国際サッカー連盟（FIFA）のみを承認している。FIFAが開催するサッカーW杯は、あくまでFIFAが管轄して行うものであり、オリンピックと異なりIOCの関与はFIFA・W杯にはない。また、たとえばVideo Assistant Referee（VAR）を導入するなどFIFAはサッカーにおけるルールを変えることができるが、IOCにはその権限はない。一方、各IFはIOCに承認されるためには「スポーツ運営における独立性と自律性を保ちつつ、その規約、実践、活動がオリンピック憲章に適合することを保証しなければならない」と定められている[2]。したがって、IOCが求める基準を満たさなければIOC加盟競技団体として認可されず、結果その競技はオリンピック種目として認められない（例：国際相撲連盟）。そして、各IFは「1競技1国内競技団体（NF）」の原則を持ち、たとえばサッカーで言えば、日本サッカー協会は日本国内のサッカーを統轄する唯一の組織としてFIFAに承認されている。

オリンピック憲章

　トランスジェンダーを含め、LGBTQ+アスリートについて検討する際、スポーツにおける人権を考える必要があり、その基本となるのがオリンピック憲章である。オリンピック憲章とはIOCによると以下のように定義されている[3]。

オリンピズムの基本原則を成文化したものであり、IOCが採択した規則や付則のことである。オリンピック憲章は、憲法的な性質を持つ基本的な文書として、オリンピズムの基本原則と本質的な価値を定義し、さらにはオリンピック・ムーブメントの主要な構成要素、すなわちIOC、IF、NOC、およびオリンピック競技大会組織委員会の主な相互権利と義務を規定しており、これらの構成要素はすべてオリンピック憲章を遵守することを求める。

そして、2021年版オリンピック憲章オリンピズム基本理念第6条には、

本オリンピック憲章に定める権利及び自由の享受は、人種、肌の色、性

別、性的指向、言語、宗教、政治的意見又はその他の意見、国籍又は社会的出身、経済的困窮、出生又はその他の地位等を理由とするいかなる差別も受けずに確保される。※)

※ 2014年に性的指向に関する文言が加わった[4]

と明記されている。つまり、IFもNFもオリンピック憲章を定めるIOC自身もこの基本理念第6条「性別、性的指向により差別を受けることなく権利を誰もが享受できる」を履行しなくてはならない。

IOCのトランスジェンダーポリシーの歴史的変遷
―― 第1、2版ポリシーについて

ここ数十年でトランスジェンダーを含めたLGBTQ+という多様性が認知されるようになり、同時に社会的にLGBTQ+の人々への理解が必要となってきた。前章で述べたように、トランスジェンダーの人々もスポーツに参加できるように整備を行う必要が出てきた。つまり、スポーツの多くは性別二元性という男女の区分けが多く、性別を変えて新しい性別カテゴリーでスポーツに参加するには、既存のルールでは適応できなくなった。

IOCは2003年、トランスジェンダーポリシーの第1版 Statement of the Stockholm consensus on sex reassignment in sports（IOC Statement）を発表した[5]。このポリシーの特徴は、新しい性別カテゴリーに参加するためには、外性器の変更および生殖器官摘出術などの外科的手術完了が必須と定めたことである。そのうえで、MTFアスリートに対しては、性ホルモン治療が一定期間なされていること、法的に性別変更が完了していることを必須条件と定めた。つまり、FTMアスリートならば子宮や卵巣の摘出術、MTFアスリートならば精巣や陰茎の摘出および切除術が必要要件だった。スポーツ参加のために生殖能力を絶たれなくては、新しい性別でスポーツ参加ができないということは、人道的観点から問題があると批判されるようになった。また、公平性を保つという観点から見ても、外科的治療の完了を求めることは、医科学的エビデンスにも欠けるという指摘が多かった。

これらの指摘のうえで、2015年にIOCポリシー第2版となる IOC Consensus Meeting on Sex Reassignment and Hyperandrogenism（IOC Consensus）を発表した[6]。このポリシーでは批判された外科的治療の必須要件は削除されたが、MTFアスリートが女子カテゴリーに参加する場合には血中テストステロン値の抑制治療が義務づけられた。テストステロン値を12カ月以上10nmol/L以下に抑制すること、これが遵守されているのか検査が適宜行われること、いったん性別カテゴリ

ーを変更した場合は、最低4年間は再度性別カテゴリーを変更することは認めないとした。一方で、FTMアスリートに対してはとくに制約なく男子カテゴリーに参加可能とした。

IOC Consensus発表以降

このIOC Consensusのもと、東京オリンピックが2021年に開催され、オリンピックの歴史上初めてMTFアスリートが女子カテゴリーに参加した。つまり、ニュージーランド・女子ウェイトリフティング代表のハバード選手はこのポリシーの治療規定をクリアしたということになる。

しかし、ハバード選手の女子カテゴリーへの参加など、MTFアスリートの女子カテゴリー参加が報道されることが増え、このポリシーの問題点が徐々に指摘されるようになる。つまり、このポリシーは女子カテゴリーの公平性を保っているのかという点である。具体的には、MTFアスリートが女子カテゴリー参加するためにテストステロン値を12カ月以上10nmol/L以下に抑制しても「Unfair advantage」（不当な優位性）を持ちうるため、女子カテゴリーの公平性を保つには不十分である、という医科学的エビデンスが学術界から徐々に発表されるようになった。そのような流れから、World Athleticsは2019年にMTFアスリートの女子カテゴリー参加のためのテストステロン値上限を5nmol/L以下に設定し直した。加えて、安全面の保障を最重要課題と判断するWorld Rugbyは、シス女性アスリートの安全面の保障からMTFアスリートの女子カテゴリー参加を原則禁止する方針を定めた。このように、2015年以降、IOC Consensusの課題が露呈し始めた。一部の競技団体は独自のポリシーをつくりIOC Consensusを遵守するのではなく、独自のポリシーを履行するようになる。とくにコンタクトスポーツの中でも危険度が高いスポーツや個人のフィジカルパフォーマンスが競技成績に直結しやすい記録競技において、MTFアスリートを女子カテゴリーに参加できないようにする、もしくは参加基準を厳しくする動きが見られるようになった。一方で、トランスジェンダーアスリートの権利保護を重要視する人々からは、この動きは「Exclusion」（排除）であると非難する声が高まった。

国連とスポーツにおける持続可能な開発目標（SDGs）

2000年代に突入し、貧困や格差の拡大や気候変動が問題となる中、どのように次世代によりよい地球と社会を継承していくかということが重要視されるようになった。そこで、国連は「誰一人取り残されない」

持続可能で多様性と包摂性のある社会の実現のため、持続可能な開発目標（SDGs）を掲げ、2015年国連サミットで全会一致で採択された。SDGsは17個の目標が設定されており、貧困、飢餓、健康と福祉、教育の機会、ジェンダー平等、水とトイレなどの衛生課題、エネルギー課題、労働環境、産業と技術革新、人や国の不平等、街づくり、消費と生産のバランス、気候変動、海洋と森林、平等と公正、グローバル・パートナーシップがテーマとして含まれる。

その後、スポーツにおいてもそれらの課題に対する解決の必要性が認識されるようになった[7]。本書の観点で言えば、SDGsのうちの第5項がジェンダー平等であり、男女間の不平等や格差是正だけではなく、徐々にトランスジェンダーを含めたLGBTQ+のスポーツにおける平等、インクルージョンにまで解釈が広がるようになっていった。このSDGsが世界規模で周知され、目標として企業が掲げるようになるに従い、IOCはそれまでMTFアスリートの女子カテゴリー参加に関して、どちらかといえば公平性を重視するきらいがあったが、それ以降インクルージョンを重要視する傾向になっていく。

Olympic Agenda 2020

第2版のトランスジェンダーポリシーIOC Consensusが発表される前年の2014年、モナコで開催されたIOC総会にてOlympic Agenda 2020が採択された。Olympic Agenda 2020はオリンピック・ムーブメントが未来にわたって継続されるように、つまり持続可能性の観点から戦略的な工程表を示したものである[8]。そして、この中で、オリンピック憲章オリンピズム基本理念第6条「オリンピズムにおける権利の享受は人種や性別などによるいかなる差別も許されない」に性的指向も加えると宣言され、性的指向の文言は世界人権宣言から拝借したと記述されている。トランスジェンダーは性自認であり、性的指向はレズビアンやゲイ、バイセクシャルに関連するものだが、このように男女間のジェンダーギャップだけではなく、LGBTQ+という性の多様性によっても差別されてはならないとIOCがジェンダー課題の対象を広げ、大きく舵を切ったことが、これよりわかる。

Olympic Agenda 2020ではスポーツに特化したSDGsが掲げられ、委員や専門家により適宜、進行具合を確認し、計画が見直されるようになった[9]。おおよそ2018年前後までは、国連機関であるUN WomanやUNESCO、国際労働機関と協力してスポーツ競技団体における女性役員数の増加、オリンピックにおける女性アスリートの増加など女性の権利向上に焦点が置かれている。しかし、それ以降、LGBTQ+課題への

取り組みも始まっていく。

IOCトランスジェンダーポリシー第3版

　東京オリンピックが開催されたのち、同年2021年にIOCはトランスジェンダーポリシー第3版、最新版でもあるIOC Framework on Fairness, Inclusion and Non-Discrimination on the Basis of Gender Identity and Sex Variations（IOC Framework）を発表する。IOC Frameworkの特徴は一言で言えば、FTM、MTFアスリートに関して新しい性別カテゴリーへの参加基準を示していないということである。昨今、各競技にはそれぞれの特徴があり、どのような身体的特徴がその競技において有利となるかは、競技によって異なることが指摘されるようになった。先述のようにMale sportsという男性の身体的特徴が有利となるスポーツもあれば、Female sportsという女性の身体的特徴が有利となるスポーツ、またいずれにも該当しない、スキルや集中力が重要なスポーツもある。そして、スポーツのうちの多くがMale sportsに該当するが、その中でも競技により特性が異なる。バスケットボールで有利となる身体的特徴がラグビーで必ずしも有利となるわけではないし、その逆もしかりである。したがって、IOC Frameworkでは各国際競技団体にそれぞれの競技に合ったポリシーの作成を一任したわけである。そのうえで、ポリシーを作成するにあたっての留意するべき10カ条を提示した（表4-1）。その10カ条とは、（1）インクルージョン、（2）被害防止、（3）差別禁止、（4）公平性、（5）競技における優位性があると仮定のうえで競技から除外しないこと、（6）エビデンスに基づくこと、（7）健康と身体的自立性の権利主張、（8）ステークホルダー中心のアプローチ、（9）プライバシー保護、（10）定期的な修正、である。この10か条を要約し以下に述べる。

　まず、第1カ条のインクルージョンに関しては言うまでもないが、この項目の最初の文言には「すべての人がジェンダーアイデンティティや性表現、性の多様性に拘わらず、差別されることなくスポーツに安全に参加できるようにしなくてはならない」と書かれている。それ以降はスポーツ競技団体がインクルージョンを推進し、差別防止に取り組むべきという文言が続く。ポイントは、第1カ条は公平性ではなくインクルージョンである点で、この点だけでIOCの立場が理解できると言えよう。そして、第2カ条は被害防止の観点であり、第1カ条に連動するものである。アスリートの身体的精神的ウェルビーイングが最優先であり、各スポーツ競技団体がアスリートの健康に対してネガティブな影響を与えてはならないと定められている。続く第3カ条は差別禁止条項である。

表4-1 IOCトランスジェンダーポリシーの変遷

	第1版	第2版	第3版
発行年	2003	2015	2021
ポリシー名	Statement of the Stockholm consensus on sex reassignment in sports	IOC Consensus Meeting on Sex Reassignment and Hyperandrogenism	IOC Framework on Fairness, Inclusion and Non-Discrimination on the Basis of Gender Identity and Sex Variations
概要	性別カテゴリー変更には性別適合手術が必須	人道的観点から性別適合手術は必須としない	各国際競技団体にポリシー作成を一任。その際留意するべき10項目を明記。1：インクルージョン、2：被害防止、3：差別禁止、4：公平性、5：競技における優位性があると仮定の上で競技から除外しないこと、6：エビデンスに基づくこと、7：健康と身体的自立性の権利主張、8：ステークホルダー中心のアプローチ、9：プライバシー保護、10：定期的な修正
MTF選手規約	思春期以降に性別適合治療を開始した人は以下の条件のもと、新しい性別カテゴリーに参加できる。 1：外性器変更、性腺摘出など外科的な解剖学的変更が完了していること 2：適切な公的機関によって法的に承認されている 3：ホルモン療法が検証可能な方法で十分な期間実施され、競技における性別による優位性を最小限に抑えていること	1：一度性別カテゴリーを変更した場合は最低4年間は再度変更は不可 2：血中テストステロン値は最低12カ月10nmol/L以下に維持 3：検査により確認されるが、違反した場合は12カ月競技停止	記載なし
FTM選手規約	同上	男子カテゴリー参加への制約はなし	記載なし
他	性別が疑われる場合は、関連する医事委員会が競技者の性別確認のために適切な措置を講じる権限を有すると規定	このポリシーの元、オリンピック歴史上初、MTF選手が東京オリンピックに出場	パリオリンピックまでに作成することを各競技団体に推奨

　ポリシーは公正に作成されるべきであり、ジェンダーアイデンティティを理由に「Systematically」に（一様に、片っ端から）排除されてはならない。また、不釣り合いな競争上の優位性を判断するためのポリシーは時に検査を必要とすることがあるが、いかなるアスリートも、その性別を理由に、あるいは性別を確認することを目的として、検査の対象とされるべきではないと記載されている。第1〜3カ条までは主にインクルージョンと差別禁止の要件である。

　第4カ条が公平性についてである。カテゴリー内で誰もが不当なアドバンテージを有さないことを保障する、ほかのアスリートに対して身体

的安全性のリスクを予防する、競技に参加するために一貫して使い続けている性自認と異なる性自認を競技者が主張することを防止する、以上の3点が記載されている。つまりここでは、不当なアドバンテージをなくす＝競技の公平性、それと安全性、性別詐称の防止に言及している。これに続き、第5カ条と第6カ条は、不当なアドバンテージを有することに関する、もしくは予期せぬ身体的リスクがほかのアスリートに及ぶことに関する査読ありの研究結果に基づいて、ポリシー作成は行われるべきものであると言及している。そのうえで、エビデンスが示されていない場合は、仮説や推測のもと、トランスジェンダーであることを理由にアスリートを競技から排除してはならないとしている。

　第7カ条、健康と身体的自立性の権利主張について、アスリートは国際競技団体などによって不必要な医学的検査などを強要されてはならないという文言である。そして、参加規程には性別を確認することを目的とした侵襲を伴う婦人科的検査は含んではならないとしている。

　第8カ条はポリシー作成にあたってはステークホルダー中心のアプローチを推奨している。より安全で的確なリスク評価を行うため、アスリートやステークホルダーをポリシー作成に関与させるべきであるとしている。

　第9カ条はプライバシー保護についてであり、ポリシー作成過程の透明性を確保しつつ、同時にポリシーにより影響を受ける可能性のある個人のプライバシーを保護しなくてはならない。個人が特定されうるすべての情報の扱いは、法律や国際的な標準基準に則るべきである。テストステロン値などのアスリートの医科学的情報は、個人情報保護法に則り扱われなくてはならないとしている。

　最後の第10カ条は、ポリシーは定期的に倫理的、人権、法律、医科学的観点から定期的に見直されなくてはならず、その際には関連する利害関係者の意向も含まれなくてはならないことを示している。

　IOC Frameworkは過去のポリシーと比べページ数も増え、世論を反映して慎重に作成されたことがわかる。一方、これまでと異なり、作成に関与した専門家や委員の氏名が記載されておらず、その点は有識者の間では問題視されている。つまり、トランスジェンダーを含めたLGBTQ+に関する世論の流れを反映させたポリシーである反面、IOCが責任を持って明確な参加規程を設けず、各競技団体にその作成を一任したことは見方を変えれば、「責任逃れ」であると批判されるのもうなずける。とくにマンパワーに欠けるマイナー競技などの国際競技団体ではポリシーの作成は大きな負担であるうえ、ポリシー作成によってステークホルダーや世論からマイナスの影響を受ける可能性もある。IOC

FrameworkはIOC自身が世論やスポンサーの反発を恐れ、何より国連と歩調を合わせることを優先した姿勢の現れであると私は見ている。

まとめ

この章ではIOCのトランスジェンダーポリシーの変遷をまとめ、またそれが世の中の流れを汲んで変化してきたことを、国連の動きも示しつつ述べた。今後もIOCのトランスジェンダーポリシーは変化することが見込め、各国際スポーツ競技団体も余波を受け、その都度対応を迫られていくだろう。

参考文献

1) 公益財団法人日本オリンピック委員会，国際オリンピック委員会承認国内（地域）オリンピック委員会（NOC），(2015). https://www.joc.or.jp/games/olympic/code/ (accessed March 5, 2023).
2) International Olympic Committee, International Sports Federations, (n.d.). https://olympics.com/ioc/international-federations (accessed March 5, 2023).
3) International Olympic Committee, Olympic Charter, Olympic Chart. (2021) 1–110. https://stillmed.olympic.org/media/Document Library/OlympicOrg/General/EN-Olympic-Charter.pdf.
4) International Olympic Committee, Olympic Agenda 2020: Closing Report, (2021) 100. http://www.olympic.org/documents/olympic_agenda_2020/olympic_agenda_2020-20-20_recommendations-eng.pdf.
5) International Olympic Committee, Statement of the Stockholm consensus on sex reassignment in sports, Sch. (2003). https://stillmedab.olympic.org/media/Document Library/OlympicOrg/IOC/Who-We-Are/Commissions/Medical-and-Scientific-Commission/EN-Statement-of-the-Stockholm-Consensus-on-Sex-Reassignment-in-Sports.pdf#_ga=2.108152651.852177536.1608749075-1269915930.1608749 (accessed February 24, 2022).
6) International Olympic Committee, IOC Consensus Meeting on Sex Reassignment and Hyperandrogenism, (2015) 3. https://stillmed.olympic.org/Documents/Commissions_PDFfiles/Medical_commission/2015-11_ioc_consensus_meeting_on_sex_reassignment_and_hyperandrogenism-en.pdf.
7) 国際連合広報センター，スポーツと持続可能な開発（SDGs），(2016). https://www.unic.or.jp/news_press/features_backgrounders/18389/ (accessed March 9, 2023).
8) International Olympic Committee, Olympic Agenda 2020, 127th IOC Sess. (2014) 1–27. http://www.olympic.org/documents/olympic_agenda_2020/olympic_agenda_2020-20-20_recommendations-eng.pdf.
9) International Olympic Committee, Sharing progress on our 2020 objectives, (2020).

CHAPTER 5

男性と女性のフィジカルパフォーマンスの差、性別適合治療の影響

はじめに

　第3章でスポーツにおけるトランスジェンダー課題について概論を記述した。第5章では医科学的な視点から、より詳細にトランスジェンダーアスリートに関するフィジカルパフォーマンスを検討する。

　トランスジェンダーアスリートのフィジカルパフォーマンスを考えるにはまず、(1) 身体的女性と男性の身体的特徴の差、(2) それによってもたらされるフィジカルパフォーマンスの差を知る必要がある。それらを理解することで、(3) MTFとFTMの人々のパフォーマンス、とくにMTFアスリートと身体的女性とのフィジカルパフォーマンスの差の理解につながる。ここではこれらについて順を追って述べていく。

身体的女性と男性のフィジカルパフォーマンスの差：思春期前

　身体的女性と身体的男性で筋力や筋量、持久力や有酸素能力に関する因子はいつから両者の間に差が出てくるのだろうか。そして、性別によるそれらの身体的特徴の差をもたらすものは何なのだろうか。2年前に

Hiltonら（2021）によって発表され、現在様々な国際スポーツ連盟のトランスジェンダーポリシーに引用されているトランスジェンダーアスリートに関するフィジカルパフォーマンスのレビュー論文を参考にして説明する。

　発生学的には胚発生の初期に生殖腺に分化する器官が精巣か卵巣かへの分化が誘発されることで、それぞれ男性か女性かの発達へと進んでいく（Hilton & Lundberg, 2021）。出生後、乳幼児〜幼少期においては男児と女児のパフォーマンスの差は小さく、またこの時期はスポーツ参加の多くがチームスポーツであるという背景もあり、男女のパフォーマンスの差が競技結果や社会生活に影響することはあまりないと言える（Tønnessen et al., 2015）。

　しかしながら一方で、幼少期の男女間のパフォーマンスの差はまったくないわけではない（Hilton & Lundberg, 2021）。1つ目の要因としては視床下部－下垂体－性腺の経路の活性化により「Mini-puberty（直訳すると、ちょっとした思春期）」が起きるためである。ただそれによる影響は第二次性徴におけるテストステロンの影響と比べるとごく限られたものである。むしろこの時期による男女のフィジカルパフォーマンスの差は遺伝子的要因により影響される部分が大きい。男女の遺伝子の差はたとえば、骨格筋の発達に差をもたらし、結果としてフィジカルパフォーマンスにも少なからず影響を与える。具体的には9歳の女児に比べて、9歳の男児は短距離走（9.8%）と1マイル走（16.6%）で速く、ジャンプ距離で9.5%上回り、腕立て伏せが30秒で33%より多くでき、握力が13.8%強いという報告がある（Catley & Tomkinson, 2013）。また別の研究では、6歳の男児は、同年齢の女児と比較して、規定時間内に16.6%多くシャトルランを行い、ジャンプ距離で9.7%上回ったことが明らかになっている（Catley & Tomkinson, 2013）。加えて、有酸素性能力の差を検証した報告もあり、それによると、6〜7歳の男児は、同年齢の女児よりも絶対的および相対的（体格に対する）に$\dot{V}O_2max$が高いことが示されている（Catley & Tomkinson, 2013）。

身体的女性と男性のフィジカルパフォーマンスの差：思春期後

　思春期、つまり第二次性徴はどのような変化をもたらすのか。思春期には生殖器官の発達が各々の性別で始まり、また体つきの差が明確になる。男性においては精巣から分泌されるテストステロン値はそれまでの約20倍になる一方で、女性においては不変である（Hilton & Lundberg, 2021）。テストステロン値上昇は筋肉量、筋力、ヘモグロビン値、骨長を増加させる影響をもたらし、パワーや持久力の向上をもたらす。これ

らは男性の身体的特徴が有利となるMale sports（Martínková, 2020）においては、パフォーマンスの観点でみると優位性をもたらす。

　実際に成人の女性と男性のフィジカルパフォーマンスの差はどれくらいあるのか、サッカーに関する研究をいくつか列挙する。サッカーにおいては、ボールを蹴るキック力は重要なファクターである。過去にエリート選手を対象にインステップキックに関する研究がなされた（Barfield et al., 2002）。それによると、男子選手は女子選手よりも約18％ボールを速く蹴り、つま先の最大速度、ボール接触時のボール速度、つま先の平均速度と平均加速度、ボール接触時の足関節速度などの運動学的変数で上回り、これらすべてがボールスピードの速さに寄与していることが判明した。ただし、例外もあり、1名の女子選手は、2名の男子選手よりもキックの速度が上回っていた。加えて、相手と高いところでボールを競り合う際のジャンプ力も重要なファクターであるが、イタリアの研究者によって、過去に各年代別イタリア代表を対象としたジャンプに関する研究成果が発表されている。Squatting jumpに関しては男子トップチームは29％、U17男子は32％、各々同世代の女子選手と比較し、より高く跳べた。Countermovement jumpでは男子トップチームは34％、U17男子は41％より高く跳べた（Carlo & Castellini, 2013）。このように、女子選手の一部で男子選手よりパフォーマンスが優れているという例も少なからずあるが、概ね、同年代の男女を比較した場合、サッカーのキーファクターであるキックやジャンプにおいては、男子選手がアドバンテージを有すると言える。

　そして、Hitonらは各スポーツ機関が公表している競技成績をまとめて、各スポーツにおいて男性が女性と比較した場合、何％のアドバンテージを有しているかをまとめた（Hilton & Lundberg, 2021）。たとえば、ボート、競泳、陸上競技のトラック種目、ロードランニングでは10〜13％、自転車競技、陸上競技のジャンプ種目、ゴルフのドライバースピード、棒高跳びなどでは16〜22％、バレーボールのサーブ、ウェイトリフティング、ゴルフのロングドライブでは29〜34％、野球のピッチング、フィールドホッケーのドラッグフリックでは50％以上のアドバンテージを有すると報告した。このようなMale sportsに関して医科学的研究が導き出した研究成果に対して、たとえば、キックやジャンプで優れるサッカー選手が、必ずしもよい選手であるとは限らないと異議を唱える研究者もいる。

　また、Clarkらは成人男女のテストステロン値の差について論文でまとめている（Clark et al., 2018）。フィジカルパフォーマンスに関連してテストステロン値を計測する場合は、一般臨床で使用されるECLIA

法ではなく、LC-MS/MS法が使用される（Haring et al., 2012）が、この方法で計測した場合、成人一般男性のテストステロン値は10nmol/Lから30nmol/Lに分布するのに対して、女性の値は0.4nmol/Lから2.0nmol/Lに分布する（95%信頼区間）。もちろん、多嚢胞性卵巣症候群（PCOS）や性分化疾患（DSD）を抱える人々はまた異なる分布を示す。従って、成人の一般男性と女性のテストステロン値には割と明確な差がある。

では、冒頭に述べた成人男女のフィジカルパフォーマンスの差について、テストステロン値が具体的にどのような因子に影響を及ぼすのだろうか。大まかに言うと、筋骨格系などの身体組成、最大酸素摂取量（$\dot{V}O_2max$）、呼吸機能、循環器機能に分けられ、いずれの場合でも男性が女性よりアドバンテージを有するとされる（Hilton & Lundberg, 2021）。筋量に関しては男性が30%から40%ほど多く有するとされる。また他に、骨長は15%、$\dot{V}O_2max$は25%から50%、心拍出量は22%から30%、ヘモグロビン値は11%、それぞれ男性が女性を上回る。これらの要因の男女差が冒頭に述べたフィジカルパフォーマンスの差を第二次成長期以降に生む。

もちろん、テストステロンがもたらす身体的特徴のみがMale sportsに有利に働くわけではなく、ケガ、内科的疾患の影響、メンタルヘルスなど様々な因子が競技成績に影響する。しかし、スポーツはフィジカルアクティビティを伴う競争（ゲーム）であり（Suits, 2018）、中でもウェイトリフティングや陸上競技などのMale sportsは男性の身体的特徴の優位性を直接的に競う。その点からも男性の第二次性徴によるテストステロン値向上は競技力に大きな影響をもたらすことは疑う余地はない。

ここで注意するべきはHiltonの論文をはじめ、これらで論じられているのはMale sportsのみであり、女性の身体的特徴が有利になるような体操などに代表されるFemale sportsや、射撃やアーチェリー、カーリングなど集中力やスキルが重要なファクターとなるスポーツに関しては論じられていない。したがって、今後スポーツとトランスジェンダーをより深く考察していくためにも、Male sports以外のスポーツについてさらなる研究が必要である。

MTF選手におけるテストステロン抑制治療の影響

まず、MTF選手におけるテストステロン抑制治療の影響を理解する前に、世界水泳連盟（World Aquatics）が2022年に発表したトランスジェンダーアスリートに関するポリシー「Policy on eligibility for the

表5-1 世界水泳連盟（World Aquatics）の定めた女子カテゴリーの参加規程*（2022年）

FTM	MTF
1. 今は治療を行っていなければ女子カテゴリーに参加可能、かつWorld Aquatics認定の公式記録を有することが可能（以下2.3.を満たす必要あり） 2. テストステロンの使用期間は1年未満で思春期には使用していない 3. 現在のテストステロン値は治療前の値に戻っており、男性ホルモンによる影響は今はない	1. 男性の第二次性徴Tanner Stage 2を経ていない、もしくは12歳以前であること 2. 第二次性徴抑制治療をTanner Stage 2で、もしくは12歳以前に開始、かつ血清テストステロン値を持続的に2.5 nmol/L以下に抑制している

*トランスジェンダーに関する記載のみ抜粋

表5-2 第二次性徴後の性ホルモン治療による身体的変化*

	FTM	MTF
治療	テストステロン治療	エストロゲン、テストステロン抑制治療
骨	骨格、骨長変化なし リスク増大なし/結論はまだ出ていない：骨粗しょう症	骨格、骨長変化なし 可能性あり：骨粗しょう症
筋	筋量、筋力増加（変化は6〜12カ月で起き、2〜5年でピークに達する）	筋量、筋力低下（変化は3〜6カ月で起き、1〜2年でピークに達する）
循環動態	ヘモグロビン値は治療開始後4カ月で上昇が見られ、最終的に2年間で19％上昇	ヘモグロビン値は治療開始後4カ月で低下が見られ、最終的に11〜14％低下

* World Professional Association for Transgender Health Standard of Care 7, 8th、他論文を引用

men's and women's competiton categories」（表5-1）を見てほしい（International Swimming Federation, 2022）。World Aquaticsは女子カテゴリーの参加基準について、(1) かつてFTMとして性ホルモン治療（男性ホルモン使用）を行っていた選手と、(2) MTF選手について分けて基準を定めている。前者については、現状で男性ホルモン治療を行っておらず、現在その影響が残っていないと判断されれば、女子カテゴリーへの参加が可能である。

一方MTF選手に関して、Tanner分類に言及しているが、この分類は思春期に起こる身体的変化過程を理解するうえで重要な分類である。日本産婦人科医会のホームページでTanner分類が非常にわかりやすく説明されているので参考にしてほしい（公益社団法人日本産婦人科医会, 2023）。簡潔に述べるとTanner分類は女児と男児それぞれStage 5まで定義されている。男児のStage 1とは「陰毛のない状態」であるのに対して、Stage 2は「陰毛が陰茎起始部に見られる」、Stage 3は「陰毛は黒さを増し、硬くカールして恥骨結合部にまでまばらに広がる」とされる。つまり、MTFアスリートについては「陰毛が陰茎起始部に見られ

る」Stage 2かそれ以前、もしくは12歳以前であれば女子カテゴリーに参加可能とWorld Aquaticsは定めたというわけである。その理由については、Tanner分類Stage 2、これは概ね12歳頃に該当し、これ以前であればテストステロン値が上昇し始める前であり、テストステロン値上昇によるフィジカルパフォーマンスの影響が12歳以降に比べて少ないため、これらがカットオフ値に適当と判断されている。

MTFアスリートの治療とフィジカルパフォーマンス

　一般的に、MTFの人々が受ける内科的治療は（1）第二次性徴抑制治療、（2）性ホルモン治療（エストロゲン製剤もしくは抗アンドロゲン製剤使用による女性化治療）に大別される（Ettner et al., 2022）。第二次性徴抑制治療は思春期を迎えていないMTFの子どもが、男性の第二次性徴を迎えないようにする治療である。そのため、第二次性徴抑制治療を行っている間は、成人男性の身体的変化への移行が抑制される。そして、MTFの人によって、女性化治療を希望する場合はここから性ホルモン治療の開始により、成人女性への身体的特徴の変化が始まる。その場合は、男性の第二次性徴を経ていないため、男性の身体的特徴は持ち合わせず、成人するとほぼ成人女性に近い身体的特徴を有することになる。したがって、フィジカルパフォーマンスはシス女性と近くなると考えられる。

　では、Tanner分類Stage 3もしくは13歳以降の、男性の第二次性徴を経たMTF選手はどうだろうか。第二次性徴を完了した後、つまり成人男性の身体的特徴をすでに有している状態で、性ホルモン治療を希望する人は開始する（Ettner et al., 2022）。骨、筋、循環動態などフィジカルパフォーマンスに関する因子に特化して言及すると、まず骨長や骨格に関しては変化が起きない（Hilton & Lundberg, 2021）。したがって、身長やバイオメカニクスに関連するとされる骨盤や下肢のアライメントに関しては変化は生じず、男性の特徴を維持し続ける。またフィジカルパフォーマンスには直接的には関連しないが、骨密度は低下することが指摘されており（Ciancia et al., 2022）、エストロゲン治療を行うことで骨粗しょう症の予防を図ることが推奨されている（Yun et al., 2021）。

　筋肉に関しては、筋量や筋力においてマイナスの変化が見られる（Ettner et al., 2022）。報告によってばらつきはあるものの、ホルモン治療開始からだいたいが3〜6カ月程度で変化が起こり、1〜2年で一定になるとされる（表5-2）。MTFアスリートにテストステロン抑制治療を必須と定めたIOC Consensus（International Olympic Committee,

2015）では血中テストステロン値を10 nmol/Lを12カ月以上維持することが定められているが、たとえ規定を遵守したとしてもMTF選手はシス女性選手と比較すると、それでもなおアドバンテージを有するだろうと指摘されている（Hilton & Lundberg, 2021）。その要因として1つ考えられるのがマッスルメモリーという概念である（Harper et al., 2021）。一言で言えば、いったん増えた筋線維にある核の数はトレーニングの強度を保つことや、ステロイド製剤を使用することで維持が可能という概念である。マウスを用いた動物実験ではこれが立証されている。つまり、MTFアスリートにおいて、トレーニングの強度を維持しておけば、エストロゲン製剤や抗アンドロゲン治療を開始しても、筋線維の核の数を保つことで、筋力を治療前と同等に維持可能ではないかと推測されている（Harper et al., 2021）。この仮定を立証するにはトレーニングを長期間行ってもらい、そのうえで生検し筋組織の病理学的検査を行うことが必要だが、これをヒトに対して行うのは侵襲が大きく、人道的観点から立証は難しいと予想される。

　しかし昨年、この仮説を裏づけるような臨床研究が発表されている（Houben et al., 2022）。前立腺がんを有する男性ではアンドロゲン遮断療法が行われる。アンドロゲン遮断療法とは男性の性機能が消失するまでアンドロゲンを低下させる治療法だが、この治療を行っている男性患者に対してレジスタンストレーニングを導入し、筋力や筋量、パフォーマンスがどのように変化するかを調査した。レジスタンス運動だけではなくサプリメントの影響も調査した論文で、いくつかの群に参加者が振り分けられている。論文の詳細は割愛するが、厳しめに見ても、総じて筋力や筋量、フィジカルパフォーマンスはレジスタンス運動によって維持可能という結果になっている。この研究の参加者は前立腺がん患者というバックグラウンドから70歳前後の高齢男性、しかもがん患者であることから頻度や負荷の大きいトレーニングは行えない。したがって、若年の健康なMTFアスリートであれば、より頻度や強度を上げたレジスタンストレーニングを行うことで、よりポジティブな結果を得られる可能性が示唆される。

　循環動態もフィジカルパフォーマンス、中でも持久力、有酸素性能力に寄与する因子であり、血中ヘモグロビン値と性ホルモン治療の関連性についても研究がなされている。一般的に男性は女性と比較するとヘモグロビン値は12％高いとされている。筋量や筋力と同等、性ホルモン治療の開始により4カ月で変化がみられ、最終的におおよそ11〜14％低下するとされる（Hilton & Lundberg, 2021）。したがって、元々成人男性が女性より11％ほど上回るヘモグロビン値は、治療によりその差

は格段に小さくなる。しかし、ヘモグロビン値が循環動態に直結するとは言えず、昨今発表されたテストステロン値抑制と循環動態を示す指標の一つである$\dot{V}O_2$ peakに関する研究調査では、MTFの$\dot{V}O_2$ peakはテストステロン抑制により成人男性より下回ったが、成人女性よりは上回ったとしている（Alvares et al., 2022）。

FTMアスリートの治療とフィジカルパフォーマンス

　FTMの人々が一般的に受ける内科的治療も、MTFの人々と同様に、(1) 第二次性徴抑制治療、(2) 性ホルモン治療（男性化治療）に大別される（Ettner et al., 2022）。前者は思春期を迎えていないFTMの子どもが、女性の第二次性徴を迎えないようにする治療で、治療中は成人女性の身体的変化への移行が抑制される。そして、男性化を希望する場合は性ホルモン治療の開始により、成人男性への身体的特徴の変化が始まる。その場合は、女性の第二次性徴を経ていないため、女性の身体的特徴は持ち合わせず、成人するとほぼ成人男性に近い身体的特徴を有することになる。したがって、フィジカルパフォーマンスではシス男性と近くなるはずである。

　女性の第二次性徴を経たあとに性ホルモン治療を開始した場合は、MTFの人々と同様にまず骨長・骨格の変化は生じない。筋量や筋力に関しては治療により増量が見られることになる（表5-2）。また、循環動態について、血中ヘモグロビン値は性ホルモン治療の開始により、4カ月後で上昇し、最終的におおよそ19％増加するとされる（Olson-Kennedy et al., 2017; Wiik et al., 2020）。このように、FTMにおける性ホルモン治療は総じてフィジカルパフォーマンスにプラスに働く。そして治療で使用される薬剤は、すべて世界アンチドーピング機構（WADA）が定める使用禁止物質（競技内外とも）に該当する（World Anti-Doping Agency, 2023）。たとえば全米大学体育協会（NCAA）は、FTMアスリートが性ホルモン治療を開始した場合は、女子カテゴリーには参加できず、男子カテゴリーもしくはミックススポーツのみに参加可能としている（the National Collegiate Athletic Association, 2011）。

まとめ

　第5章ではより医科学的見地からトランスジェンダー課題について解説した。今後もこの領域に関する新しい調査がなされ、より学術的に検証が行われることを期待したい。しかしながら、世の中でこの課題に関心が集まりヘイトやバックラッシュが多くなっていることもあり、現実的には実際に研究を行うこと自体が研究者にとって困難を伴い、また研

究参加者や関係者にとっても非常にリスクが大きいことが、専門家の間でも問題視されている。したがって、世論における関心の高まりとは反対に、新たな医科学的研究の実践は困難を極めると言えよう。

参考文献

1) Barfield, W. R., Kirkendall, D. T., & Yu, B. (2002). Kinematic instep kicking differences between elite female and male soccer players. Journal of Sports Science and Medicine, 1(3), 72–79. Retrieved from 10.1097/00005768-200105001-00576
2) Carlo, C., & Castellini, E. (2013). Vertical jump performance in Italian male and female national team soccer players. Journal of Strength and Conditioning Research, 27(4), 1156–1161.
3) Catley, M. J., & Tomkinson, G. R. (2013). Normative health-related fitness values for children: Analysis of 85347 test results on 9-17-year-old Australians since 1985. British Journal of Sports Medicine, 47(2), 98–108. Retrieved from 10.1136/bjsports-2011-090218
4) Ciancia, S., Dubois, V., & Cools, M. (2022). Impact of gender-affirming treatment on bone health in transgender and gender diverse youth. Endocrine Connections, 11(11). Retrieved from 10.1530/EC-22-0280
5) Ettner, R., Fraser, L., Goodman, M., Green, J., Hancock, A. B., Karasic, D. H., Knudson, G. A., Leibowitz, S. F., Monstrey, S. J., Motmans, J., Nahata, L., Nieder, T. O., Reisner, S. L., Richards, C., Başar, K., Bathory, D. S., Belinky, J. J., Berg, D. R., & Berli, J. U. (2022). Standards of care for the health of transgender and gender diverse people, version 8. International Journal of Transgender Health, 23(S1), S1–S258. Retrieved from 10.1080/26895269.2022.2100644
6) Harper, J., O' Donnell, E., Sorouri Khorashad, B., McDermott, H., & Witcomb, G. L. (2021). How does hormone transition in transgender women change body composition, muscle strength and haemoglobin? Systematic review with a focus on the implications for sport participation. British Journal of Sports Medicine, 1–9. Retrieved from 10.1136/bjsports-2020-103106
7) Heather, A. K. (2022). Transwoman Elite Athletes : Their Extra Percentage Relative to Female Physiology.
8) Hilton, E. N., & Lundberg, T. R. (2021). Transgender Women in the Female Category of Sport: Perspectives on Testosterone Suppression and Performance Advantage. Sports Medicine, 51(2), 199–214. Retrieved from 10.1007/s40279-020-01389-3
9) Houben, L. H. P., Overkamp, M., Kraaij, P. van, Trommelen, J., Roermund, J. G. H. van, De, V. P., Laet, K. de, Meer, S. van der, Mikkelsen, U. R., Verdijk, L. B., Loon, L. J. C. van, Beijer, S., & Beelen, M. (2022). Resistance Exercise Training Increases Muscle Mass and Strength in Prostate Cancer Patients on Androgen Deprivation Therapy. American College of Sports Medicine, October. Retrieved from 10.1249/MSS.0000000000003095
10) International Olympic Committee. (2015). IOC Consensus Meeting on Sex Reassignment and Hyperandrogenism. https://stillmed.olympic.org/Documents/Commissions_PDFfiles/Medical_commission/2015-11_ioc_consensus_meeting_on_sex_reassignment_and_hyperandrogenism-en.pdf
11) International Swimming Federation. (2022). Policy on eligibility for the men' s and women's competiton categories. https://resources.fina.org/fina/document/2022/06/19/525de003-51f4-47d3-8d5a-716dac5f77c7/FINA-INCLUSION-POLICY-AND-APPENDICES-FINAL-.pdf
12) Martínková, I. (2020). Unisex sports: challenging the binary. Journal of the Philosophy of Sport, 47(2), 248–265. Retrieved from 10.1080/00948705.2020.1768861
13) Olson-Kennedy, J., Okonta, V., H.a, L. F. C., & Belzer, M. (2017). Physiologic Response to Gender-Affirming Hormones Among Transgender Youth. Physiology & Behavior, 176(3), 139–148. Retrieved from 10.1053/j.gastro.2016.08.014.CagY
14) Suits, B. (2018). The Elements of Sport. In W. J. Morgan (Ed.), Ethics in Sport (pp. 33–44). Human Kinetics. http://dx.doi.org/10.5040/9781492595465.ch-001

15) the National Collegiate Athletic Association. (2011). NCAA Inclusion of Transgender Student-Athletes. https://www.ncaa.org/sites/default/files/Transgender_Handbook_2011_Final.pdf
16) Tønnessen, E., Svendsen, I. S., Olsen, I. C., Guttormsen, A., & Haugen, T. (2015). Performance development in adolescent track and field athletes according to age, sex and sport discipline. PLoS ONE, 10(6), 1–10. Retrieved from 10.1371/journal.pone.0129014
17) Wiik, A., Lundberg, T. R., Rullman, E., Andersson, D. P., Holmberg, M., Mandić, M., Brismar, T. B., Dahlqvist Leinhard, O., Chanpen, S., Flanagan, J. N., Arver, S., & Gustafsson, T. (2020). Muscle Strength, Size, and Composition Following 12 Months of Gender-affirming Treatment in Transgender Individuals. Journal of Clinical Endocrinology and Metabolism, 105(3), 805–813. Retrieved from 10.1210/clinem/dgz247
18) World Anti-Doping Agency. (2023). 2023 Prohibited List. https://www.wada-ama.org/en/resources/world-anti-doping-program/2023-prohibited-list
19) Yun, Y., Kim, D., & Lee, E. S. (2021). Effect of cross-sex hormones on body composition, bone mineral density, and muscle strength in trans women. Journal of Bone Metabolism, 28(1), 59–66. Retrieved from 10.11005/jbm.2021.28.1.59
20) 公益社団法人 日本産婦人科医会．（2023）．思春期とは．https://www.jaog.or.jp/note/思春期とは/
21) Clark, R. V., Wald, J. A., Swerdloff, R. S., Wang, C., Wu, F. C. W., Bowers, L. D., & Matsumoto, A. M. (2018). Large divergence in testosterone concentrations between men and women: Frame of reference for elite athletes in sex-specific competition in sports, a narrative review. Clinical Endocrinology, 90(1), 15–22. Retrieved from 10.1111/cen.13840
22) Haring, R., Hannemann, A., John, U., Radke, D., Nauck, M., Wallaschofski, H., Owen, L., Adaway, J., Keevil, B. G., & Brabant, G. (2012). Age-specific reference ranges for serum testosterone and androstenedione concentrations in women measured by liquid chromatography-tandem mass spectrometry. Journal of Clinical Endocrinology and Metabolism, 97(2), 408–415. Retrieved from 10.1210/jc.2011-2134
23) Alvares, L., Santos, M. R. dos, Souza, F. R. de, Santos, L. M., Costa, E. M. F., Bilharinho, de M. B., Alves, M. J. de N. N., & Domenice, S. (2022). Cardiopulmonary capacity and muscle strength in transgender women in long-term gender-affirming hormone therapy: a cross-sectional study. Br J Sports Med, 0, 1–8. Retrieved from 10.1530/endoabs.81.ep880

CHAPTER 6

陸上競技の不正との闘いの歴史から、「性」を考える

はじめに

　私は2021年夏、東京オリンピック開催期間中、世界陸上競技連盟の独立機関であるAthletics Integrity Unit（AIU）に夏期インターン生としてインテリジェンスチームに所属し勤務していた。それまでサッカー界での仕事は経験してきていたが、陸上競技の業務は初めてだった。任された業務はドーピング摘発に関する情報を収集することだったが、陸上競技に接することで、サッカーとは全く異なる競技の特殊性と、それ故のドーピングの多さに向き合うことになった。そして同じように、陸上競技における「性」の特殊性にも気づいた。

　そこで、第6章では趣を変えて、陸上競技における「性」、つまり身体的性（セックス。英語圏ではbiological sex＝生物学的性別という用語が使用されることが多い）と性自認（ジェンダーアイデンティティ）を考えてみる。誰もが認めるであろう、陸上競技はスポーツの花形競技であり、オリンピックにおいても最も注目されるスポーツと言っても過言ではない。スポーツ哲学では、スポーツはフィジカルの優位性を競うゲームで

あり、そこにはルールが設けられると定義される。そして、このルールは多くの人に受け入れられるために普遍的でなければならない。陸上競技の特徴は、ルールが非常にシンプルであり、古代ギリシャ時代から行われてきたという長い歴史を有することである。そして近代オリンピックのモットーである「Higher, faster, stronger（より高く、より速く、より強く）」を体現する。加えて、球技よりシンプルにフィジカルの優位性が競われる。

そのような特徴を持つ陸上競技界は、国際オリンピック委員会（IOC）よりむしろ切実に「性」をめぐる課題に直面してきた歴史がある。そこで、この章では陸上競技における「性」をめぐる課題とは何か、どのような取り組みを世界陸連（旧国際陸上競技連盟）が行ってきたかということを紹介する。

陸上競技における不正との闘い、ドーピング汚染

性の話の前に、陸上競技における不正との闘いを考えてみる。陸上競技はルールがシンプルであり、そして個人競技であること、競技を行うのに必要な道具も限られているため、容易に競技を行うことができる。そのような汎用性の高さは、競技の普及率を一般的に高くする。結果、陸上競技は長い歴史を持ち、そして世界中で広く行われてきた。

また、先述のように陸上競技は男性の身体的特徴が有利となりやすい「Higher, faster, stronger（より高く、より早く、より強く）」というフィジカルエクセレンスを競うスポーツである。これらの競技特性を有するがために、陸上競技は歴史的にもドーピングの蔓延に悩まされてきた。つまり、禁止物質に認定されるアナボリックステロイドのように、筋力を増強させる効果のある物質を摂取すれば、それは競技成績に直結し本人の社会的地位向上や経済的利益の享受につながりやすい。これはチームスポーツのサッカーと比べればその差は歴然である。たとえば、サッカーである個人がドーピングを行い、仮に本人のフィジカルパフォーマンスが向上したとしても、チームスポーツであるが故に結果に直結させることは難しいことに加え、必ずしも個人の能力向上が評価されるとも限らない。

一方で、国際陸上競技連盟（IAAF, 現世界陸連）は2016年に世界アンチドーピング機構（WADA）によって、IAAF内で汚職が横行していたと発表し、連盟の体制改善を求めた。具体的には、当時のラミーヌ・ディアック会長が汚職に関与しており、ロシアのドーピング事例のもみ消しなども行った疑いがあり、フランスで刑事事件として責任を追及された。業務改善命令が出されたIAAFは新会長セバスチャン・コー氏の下、新し

い体制を整備していくことになった。

　そして、2017年に世界陸連の独立機関としてAthletics Integrity Unit（AIU）が設立された。クリーンな陸上競技の維持のため、ドーピング、とくにアフリカの人々が標的となる人身売買、陸上競技に使用される道具の正確性確保と不正防止などの事例を世界陸連とは独立して扱い、それに対して調査や教育、違反事例に対する罰則を課すようになった。私は2021年、AIUの部署の1つであるインテリジェンスチームに配属された。私に与えられた業務は主にロシアとインドのドーピングに関することだったが、一緒に雇用されたウガンダの学生は人身売買に関する情勢を調査し、また別の英国の学生はハッキング防止のためのシステムづくりを担当していた。

　昨今、ほかの競技団体、たとえば国際テニス連盟、バイアスロン連盟、水泳連盟なども独立してインテグリティユニットや機関を持つようになっている。ただここには競技の特性が関連していて、何に対してメインで取り組むかは競技団体によって異なる。たとえば、テニス界においてはより深刻に蔓延している不正はドーピングではなくmatch fixingであり、そのため国際テニス連盟のインテグリティユニットはmatch fixing防止と不正の摘発をメインの業務として行っている。そこは陸上競技界ではドーピングの摘発がメインであることと大きな違いがある。つまり、テニスでは試合の不正操作によりアスリート自身、周囲のスタッフ、テニスの試合には直接関わらない人や組織が、金銭的利益を享受することが不正の中身であるが、陸上競技ではドーピングを行うことで直接的に競技成績の向上をもたらし、社会的地位向上や経済的利益の恩恵を受けることが不正の中身となる。陸上競技の、フィジカルパフォーマンスを競う競技であるという、スポーツの原点とも言えるようなシンプルでよいとも言えるその特性が、不正をする側にとっては求める結果が得られやすいという弱点にもなってしまう。そこが陸上競技界の悩みの種であり続けてきた。

陸上競技における「性」

　ドーピングが陸上競技における長年の悩みの種であり続けたように、「性」に関する課題ももう1つの大きな倫理的ジレンマであった。男性の身体的特徴が有利となる個人競技、つまりMale sportsであるがため、近代オリンピックの歴史の中で、陸上競技における「性」に関する課題は時代ごとにその内容を変えつつも常に存在してきた。

　第二次世界大戦中のナチスドイツ、そして東西冷戦時代の旧ソ連では、身体的性別が男性のアスリートが、女性に扮して女子カテゴリーに参加

しているのではないかという疑惑が起きた。性別詐称を防ぐため、必須の性別確認検査が女性アスリートに対して導入されるが、これは倫理的、人道的に大きな問題があったと言わざるを得ない。その後、性別確認検査は必須ではなくなったが、性別に疑義にある選手は世界陸連医学委員会など専門家の間で協議され、必要な場合は性別確認検査が個別に行われてきた。性別に疑いがあると判断される選手には性分化疾患（DSD）を抱えている場合があることが、これまでに明らかになっている。

トランスジェンダー課題と似て非なる性分化疾患（DSD）課題

さてDSD課題はよくトランスジェンダー課題と一緒に議論されることが多いが、これらの課題は似ているようで本質的に異なる課題である。ここでDSDとは何か、そして陸上競技において何が倫理的ジレンマとされているのか解説したいと思う。

性分化疾患とは、性染色体に基づき精巣や卵巣などが、男性と女性にそれぞれ特有な性器が発達する性分化の過程で何らかの支障をきたし、性染色体、性腺、性器が非典型的となる先天性疾患の総称である（日本小児内分泌学会, 2023）。染色体異常を伴うDSD、46XY DSD、46XX DSDに分類されるが、ここには70以上の疾患が含まれるとされる（中塚幹矢, 2023）。

症状としては外性器が他の多くの人が有する男性の外性器や、女性の外性器と異なる場合に本疾患が疑われ、また女性においては乳房の未発達や初潮が訪れない、男性においては精巣の未発達や声変わりがしないことを契機に発覚することもある。非典型的な外性器を有する新生児の割合は2000人から4000人に1人とされる（中塚幹矢, 2023）。

このうち、スポーツにおいては女子カテゴリーに参加する46XY DSDを抱える女性アスリートが議論になってきた。つまりDSDを抱える新生児のうち、生下時には外性器の形状から女児と判断され、女性として育ち、そのまま女性アスリートとして競技参加をするケースはあるだろう。では、スポーツにおいてどうして注目されてきたのだろうか。とくに陸上競技のトラック種目において46XY DSD選手は、オリンピックや各大陸における国際大会などの主要な舞台で、ほかの女性アスリートを圧倒して素晴らしい記録を樹立し、かつ高身長である、筋肉が一般的な女性アスリートより発達しているように見えるという、男性の身体的特徴に近い外見的特徴を有している場合に、性別に疑いの目が向けられてきた。その原因としてはそのようなDSDアスリートでは、血中テストステロン値が一般男性と同等か、もしくはそれ以上と高値であるため、身体的特徴が女性アスリートより男性の身体的特徴に近いと考えられている（貞升、

山口, 2020)。また一般人口におけるDSDの人口と比べると、アスリート間におけるDSDの人口は140倍とされる（Bermon et al., 2014)。

陸上競技における現在の性別確認検査とその手順

　女性アスリートに対して必須であった性別確認検査が廃止された後は、選手の性別に疑問が生じ、かつ医学委員会をはじめとした世界陸連のスタッフや専門家が必要と判断した場合は、性別確認プロセスが個別に行われてきた。性別に関する調査や結果報告はプライバシー保護の観点から公にされることはないが、その後の選手の参加種目の制限、たとえば陸上競技においては出場可能な種目に制限が課されるなどの対応から、概ね選手がどのような診断や判断をなされたのかは推測できてしまうのが実情だった。セメンヤ選手の事例がその例である。

　2023年に世界陸連はDSDアスリートに関する新たなレギュレーションを発表した。これまでは400メートルから1マイルまでの種目でのみ出場が制限されていたが、今後はすべての種目で女子カテゴリー参加には規制が課されることになり、血中テストステロン値を2.5nmol/L以下にすることが必要となった。

　DSDに関する検査が必要と判断された場合のプロセスは、ホームページ上に公開されている（World Athletics, 2023)。Level 1〜3までのステップに分かれており、最初のステップは該当する選手の臨床検査データや既往歴を確認すること、そのうえで血中テストステロン値が規定値以上か以下かを確認することである。高アンドロゲン血症が認められる場合はその原因となる可能性の有無、アンドロゲン不応症であるかに関する情報を収集する。競技者の担当医師が信頼するにふさわしい人である場合はその者に検査を一任し、不必要な検査は繰り返さない。しかし、検査が不十分であると判断された場合は、世界陸連が婦人科、内分泌、小児科医のうち当領域に専門的知識と経験を有する医師に介入を依頼する。検査の正確性のため、採取された血液や尿は世界陸連指定の検査機関で検査をされ、ホルモンや尿中の代謝物を調べる。Level 2では問診や血液検査のデータからDSDのうちどのような疾患〈5α-還元酵素2型欠損症、部分的アンドロゲン不応症、17β-ヒドロキシステロイドデヒドロゲナーゼ3型（17β-HSD3）欠損症、卵巣性DSD、その他〉に該当するのか、規定値を上回る血中テストステロン値を有しているのか、そのアスリートはテストステロンが作用を身体に及ぼすだけの十分なアンドロゲン感受性を有しているか評価する。それらの検査のみでアスリートがDSD規定に違反するのか判断するのに情報が不十分な場合、Level 3に進む。ここでは、身体検査、医科学的検査（血液、尿、遺伝子）、画像検

■旧ソ連とドーピング

留学中に一時期チェコのプラハに住んでいた。プラハの中心部には共産主義博物館があり、そこでは当時のスポーツと組織的ドーピングに関する展示もある。アナボリックステロイドの強制的な使用により女性アスリートが男性化した、健康被害も出たという報告もあるが、当事者であるアスリートたちが事実を語ることは少なく、当時の状況はいまだベールに包まれている。

写真6-1 プラハの共産主義博物館にて、筆者撮影（2021年8月）

査、精神学的検査を含むとされる。Level 1〜2に比べると侵襲性も大きくなり、またよりプライバシーに踏み込んだプロセスとなっている。

DSDに関する規定を設ける意味、正当化される理由として、本ガイドラインには「fair and meaningful competition（公平で有意義な競技）を提供するため」と記載されている。だが、身体検査、遺伝子検査などが特定のアスリートに対して行われる、またかつては女性アスリートに対して必須の検査として身体検査が行われてきたことは倫理的に許容されるべきではないという意見も至極真っ当であり、公平性がスポーツをスポーツたらしめる要因であることとの大きなジレンマとなっている。

カテゴリーの変容　セックスからジェンダーへ

近代オリンピック当初において陸上競技における「性」の話はセックス、つまり生物学的性にまつわることに限定されていて、ジェンダーつまりはジェンダーアイデンティティ（性自認）に関することではなかった。

要点をまとめると、第二次世界大戦から東西冷戦、そしてDSDアスリートに関することまでは生物学的性に関する話だった。生物学的性が女性かどうかを性別確認検査で確認し、女子カテゴリーに参加できるかの判断を行っていた。

しかし、昨今男女のカテゴリーがsex based（生物学的性に基づくもの）ではなくgender based（性自認に基づくもの）に変化しつつある、もしくは両者が混在しつつある。したがって、トランスジェンダーという過去には普遍的ではなかった新しい性の在り方が定着するにつれ、スポーツにおけるカテゴリーの認識も生物学的性から性自認に変化、もしくは両者の混在する形に変容したと認めざるを得ない。

血中テストステロン値 2.5 nmol/L

世界陸連はこれまで2011年、2019年と女子カテゴリー参加規程を改定し続けてきたが、今回のものはより一段と公平性を優先したものとなった（World Athletics, 2023）。第5章で紹介した世界水泳連盟（World Aqatics）の定めた女子カテゴリーの参加規程も、第二次性徴を経ていないMTFに対しては血中テストステロン値を2.5nmol/Lをカットオフ値としているが、世界陸連も第二次性徴を経ていないMTFアスリート、DSDアスリートともにこの値をカットオフ値としている。一昔前のIOC Consensus（International Olympic Committee, 2015）や過去の世界陸連のポリシー（World Athletics, 2019）のカットオフ値は5〜10nmol/Lだったが、昨今の医科学的研究からカットオフ値は2.5nmol/L前後がより的確と判断され、この値が使用され始めている（Clark et al., 2019; Handelsman et al., 2018）。つまり、一般女性においては血中テストステロン値は高くても2nmol/Lほどに収まるとされ、DSDに含まれる46XY型DSD、とくに5α還元酵素欠損症2型とアンドロゲン不応症のテストステロン値は、正常な男性範囲内と重なることが指摘されている（Clark et al., 2019）。したがって、最低2.5nmol/L以下に低下させることが公平性の維持には必要であると現状いくつかの連盟は考え、この値をカットオフ値に設定している。今後の医科学的研究の結果によってはまたポリシーが変更されうる。

まとめ

第5章では陸上競技における公平性との闘い、性に関するジレンマを紹介した。スポーツの中でも陸上競技はフィジカルパフォーマンスが競技成績に直結しやすい特性から、不正が行われたり、公平性が失われたりすれば競技そのものの価値が失墜する。そのような危機感からスポー

ツの中でもとくに性に関する課題に向き合ってきた。陸上競技における「性」を知れば、スポーツにおける性の課題を概ね理解できるといっても過言ではない。

参考文献

1) Bermon, S., Garnier, P. Y., Hirschberg, A. L., Robinson, N., Giraud, S., Nicoli, R., Baume, N., Saugy, M., Fénichel, P., Bruce, S. J., Henry, H., Dollé, G., & Ritzen, M. (2014). Serum androgen levels in elite female athletes. Journal of Clinical Endocrinology and Metabolism, 99(11), 4328–4335. Retrieved from 10.1210/jc.2014-1391
2) Clark, R. V., Wald, J. A., Swerdloff, R. S., Wang, C., Wu, F. C. W., Bowers, L. D., & Matsumoto, A. M. (2019). Large divergence in testosterone concentrations between men and women: Frame of reference for elite athletes in sex-specific competition in sports, a narrative review. Clinical Endocrinology, 90(1), 15–22. Retrieved from 10.1111/cen.13840
3) Handelsman, D. J., Hirschberg, A. L., & Bermon, S. (2018). Circulating testosterone as the hormonal basis of sex differences in athletic performance. Endocrine Reviews, 39(5), 803–829. Retrieved from 10.1210/er.2018-00020
4) International Olympic Committee. (2015). IOC Consensus Meeting on Sex Reassignment and Hyperandrogenism. https://stillmed.olympic.org/Documents/Commissions_PDFfiles/Medical_commission/2015-11_ioc_consensus_meeting_on_sex_reassignment_and_hyperandrogenism-en.pdf
5) World Athletics. (2019). World Athletics Eligibility Regulations for Transgender Athletes. October. https://www.worldathletics.org/search/?q=transgender
6) World Athletics. (2023). Eligibility Regulations for the Female Classification. https://worldathletics.org/about-iaaf/documents/book-of-rules
7) 中塚 幹矢．(2023)．性分化疾患．産科と婦人科, 90, 252–258.
8) 日本小児内分泌学会．(2023)．性分化疾患．http://jspe.umin.jp/public/seibunka.html
9) 貞升彩, & 山口智志．(2020)．スポーツにおけるLGBTQ，高アンドロゲン血症．In 女性アスリート外来 マンスリーオルソペディクス (pp. 71–76).

CHAPTER 7

英国との比較から検証
―― 日本はどこへ向かうべきか

はじめに

　私がスポーツにおけるトランスジェンダー課題に関心を抱いたのは2013年頃で、実際に研究として始めたのは2017年だった。今からたった6年前のことであるが、当時の日本はまだトランスジェンダー課題はもちろんのこと、女性のエンパワーメントにもまだ十分には焦点が当たっていなかったという印象を持っている。そのため、私がトランスジェンダー課題について熱心に周囲に語っても、相談を持ちかけても、真剣に話を聞いてくれる人はほとんどいなかった。その頃の苦い記憶があるからこそ、時代は変わったとはっきりと今感じることができる。

　第7章では、日本国内でスポーツはどのようにトランスジェンダー課題と向き合い、対応していくべきなのかを考える。そして、その前にこの課題にもっとも多面的な取り組みと、学術検証がなされている英国の事情を政治的視点も含めて説明する。

英国政治の姿勢

　現在の英国首相であるスナク首相は、2023年の2月にトランスウーマンがスポーツの女子カテゴリーに参加することについて、非常に問題である、不公平であると言及した（Mail Online, 2023）。スナク首相の前任のトラス氏は在任期間が非常に短期であったため意向は不明だったが、さらにその前任のジョンソン氏も同様の発言を任期中にしており、英国首相のトランスジェンダー課題に対する姿勢はここ数年では変わっていないと言える。

　英国内で特に自転車競技において、MTF選手であるEmily Bridges（エミリー・ブリッジ）選手の女子カテゴリーでの活躍ぶりが注目され、「Culture war」が起き、この課題に学校スポーツなどを管轄する行政、政府としてもさらに踏み込んで対応せざるを得なくなった（BBC, 2023）。2023年初頭に、文化庁長官Michelle Donelan氏をはじめとする政府側が、MTFの女性カテゴリー参加課題にどう向き合うべきか、各国内スポーツ競技団体の責任者を集めて協議を始めたという報道も見られた。現時点での英国政府の姿勢としては、MTFの女子カテゴリー参加について慎重である。

英国アカデミア

　トランスジェンダー課題について、世界で最も学術界からの発信が多い国は間違いなく英国である。医科学はもちろんのこと、社会学、ジェンダー学、法学、そして哲学など多方面からの研究や論理的考察がなされている。第5章「男性と女性のフィジカルパフォーマンスの差、性別適合治療の影響」では英国Hilton氏の論文を紹介したが、ほかにも、日本での講演実績もあるJoanna Harper氏はテストステロン抑制治療がMTFの人々の筋力、筋量、ヘモグロビン値、ヘマトクリット値にどのような変化をもたらすかに関して、レビュー論文を2021年に発表している（Harper et al., 2021）。そして、その研究では、MTFアスリートは筋力について、3年間のホルモン抑制療法を受けた後でも、シス女性と比較し優位性を保持している可能性があると示した。

　医科学的論文だけではなく、スポーツ哲学者の発信も目立つ。John William Devine氏はトランスジェンダー課題を検証する場合、公平性は拮抗する価値、つまり、トランスジェンダー課題においてはインクルージョンと「どうバランスをとっていくか（balancing）」が重要だと主張した（J. W. Devine, 2019）。これに対して、Jon Pike氏はbalancingではなくlexical priority、つまりは優先順位をつけていくことが重要と反論した（図7-1）。Jon Pike氏はWorld Rugbyなどのスポーツ競技団体に

```
┌─────────────────────────────────────────────────────────────┐
│              Balancing or Lexical priority?                  │
│             (William, 2019)      (Pike, 2021)                │
│   ┌──────────────┐  ┌──────────┐  ┌──────────────────┐      │
│   │ インクルージョン │  │  公平性  │  │ アスリートの安全確保 │      │
│   └──────────────┘  └──────────┘  └──────────────────┘      │
│                      ┌──────────┐                            │
│                      │ 女性の権利 │                            │
│                      └──────────┘                            │
└─────────────────────────────────────────────────────────────┘
```

図7-1　これらの3つの要素をバランスをとって成立させるのか、それとも優先順位をつけてポリシーをつくるのか、加えて女性の権利をどう考えるのかがスポーツ哲学者等の間で議論となっている。

も有識者として参加しており、インクルージョンと公平性のほか、安全性の観点の重要性を訴えてきた（Pike, 2021）。私が所属した学部では実際、John William Devine氏の講義もあり、同氏の論文に基づく授業がなされた。授業は大いに盛り上がり、多くの意見が学生の間でも交され、活気に満ちたものだった。

　またジェンダー学、主にフェミニズムの観点から、Cathy Devine氏がトランスジェンダー課題について声を上げられない女性エリートアスリートの声をまとめて発表した（C. Devine, 2022）。スポンサーに契約を打ち切られる、代表チームから解雇されるなどの不安や恐れから、トランスジェンダー課題について率直な思いを表明することが難しいエリート女性アスリートの困難さを論じている。

　また著者も聴講者として参加したが、2022年末にJon Pike氏、Joanna Harper氏、Cathy Devine氏、第5章で紹介した医科学論文の著者Emma Hilton氏、ジェンダー医療専門の医師、弁護士と他国のオリンピック史専門家、IOCの医学委員メンバーがロンドンのThe Royal Society of Medicineに集結しカンファレンスを行った。半日かけてこの課題を多方面から議論するという非常にアカデミックで、有意義な会だった。ここまで多様な専門家が揃っている国はほかにはなく、この学術レベルの討論は英国以外の国ではまだ難しいのが現状だろう。

英国スポーツ

　英国のUK Sportは英国文化・メディア・スポーツ省が後援するスポーツに関する公的機関であり、英国内のスコットランド、北アイルランド、ウェールズ、イングランドを管轄する。そのUK Sportは2021年にGuidance for Transgender Inclusion in Domestic Sportというポリシーを出している。このポリシーの目的はなるべく英国内のスポーツをイン

クルーシブなものにするほか、一方で安全性や公平性も考慮する必要があると判断し、国内のスポーツ競技団体に向けて選択肢を提供することを目的としている（UK Sport, 2021）。そして、スポーツ自体が多様であり、1つの選択肢がすべてのスポーツに適用されるのではなく、スポーツの特性に応じて対策を変えていくべきだという方針を示した。

　トランスジェンダーの人々のスポーツへのアクセスは決して絶たれてはならないことを前提に、まずスポーツをgender affected sportか否かを判断する。gender affected sportというのは、身体的性別によってそのスポーツにおける優位性がもたらされるスポーツのことである[※]。つまりMartínkováらが提唱しているMale sport/Female sport（Martínková, 2020）[※]と、その他のスキルや集中力重視のスポーツの分類のうち、Male sport/Female sportが該当する。そして次に、強さ、スタミナ、身体のサイズが大きいことがそのスポーツでは有利に働くか、つまりMale sportsなのかを考える。次の段階は現存する性別カテゴリーが理にかなっているか、カテゴリーの再編成が必要かを検討する。そして、この性別カテゴリーの維持や再編については競技レベルによって異なることを許可するのか、それとも統一させるのかはそれぞれのスポーツで検討の余地がある。安全性の保障についてはすべての競技レベルに通じることであり、競技レベルが低いほうが安全性のリスクがむしろ高まる可能性も否定できないため注意が必要である。UK Sportは以上のことを述べている。過去の文献を参考にして、スポーツの分類の仕方を表にまとめたので参考にしていただきたい（Martínková, 2020）。

日本のジェンダーに関する動向

　2023年6月、性的指向・ジェンダーアイデンティティ理解増進法（通称：LGBT理解増進法）が成立した。内閣府のホームページにはこの法律について以下のような説明がなされている（内閣府, 2023）。

　性的指向及びジェンダーアイデンティティの多様性に関する国民の理解が必ずしも十分でない現状に鑑み、性的指向及びジェンダーアイデンティティの多様性に関する国民の理解の増進に関する施策の推進に関し、基本理念を定め、並びに国及び地方公共団体の役割等を明らかにするとともに、基本計画の策定その他の必要な事項を定めることにより、性的指向及びジェンダーアイデンティティの多様性を受け入れる精神を涵養（かんよう）し、もって性的指向及びジェンダーアイデンティティの多様性に寛容な社会の実現に資することを目的としています。

※ UK Sport原文ではgender affectedとなっているが実際にはsex affectedが正しいだろう。この場合、身体的性別がフィジカルパフォーマンスに影響するのであってジェンダーアイデンティティではないためである

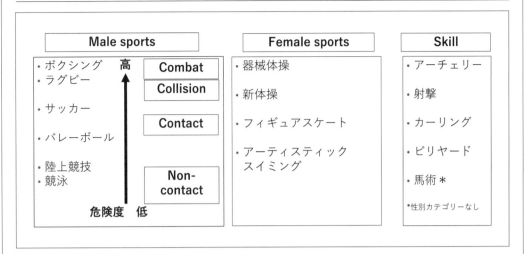

■トランスジェンダー課題を考える際に重要なスポーツの分類

　男性の身体的特徴（大きなbody size、パワーなど）が有利となりやすいのがMale sportsであるのに対して、女性の身体的特徴（小さなbody size、柔軟性など）が有利となりやすいのがFemale sportsである。またMale sportsはその中でも、危険度によって高いものから低いものに分類される。そして、身体的性別によってパフォーマンスが左右されにくいと考えられるのが、Skillや集中力などが重要となるのがその他のスポーツである。UK Sportはこのような分類に基づいて、スポーツが身体的性別、つまりジェンダーアイデンティティではなくセックスによってパフォーマンスが左右されやすいかを検討したうえで、各競技団体に性別カテゴリーの再編をするように2021年にガイドラインで推奨した。

　この法律が成立するまでの流れとしては、日本は今年に入って、2月に岸田首相の秘書官による同性婚に対しての差別的発言、そして3月には、首相自身が同性婚に関する見解を述べ、これが不適切な発言であると非難されたということがあった。そして、5月には日本が議長国となってG7サミットが広島で開催されるのを前にして、同性婚が法制度化されていないことが、ほかの加盟国より批判された。かつてであれば、政府関係者による発言もそのまま鎮静化したのかもしれないが、野党の追求だけではなく、ここでは世論がそれを見逃さなかったように感じる。ここにきて一気にLGBT理解増進法の成立に至った理由の1つには、やはり東京オリンピック開催と、それとともにジェンダー課題が浮き彫りになったことが、一般社会に生きる私たちに意識の変化を少なからずもたらしたと思える。つまり、オリンピックがもたらしたソフトレガシーである。レガシーとは一般的に、オリンピックなどメガスポーツイベントで使用されるスタジアム、選手村、イベントのために開発されたインフラ、ホテルなど可視化されたハードレガシーを指すことが多いが、一方でソフトレガシーも存在する。そのうちの1つがジェンダー意識であり、日本である種急速に世論や社会情勢の変化をもたらした要因の一つ

は東京オリンピックではなかろうか。

　本題に戻るが、LGBT理解増進法が成立した今、スポーツ界でも差別根絶、LGBTQ+に関する教育の推進、差別・ヘイトが起きた際にはしっかりと対処し放置しないという、より踏み込んだ取り組みが必要になってくる。

日本のスポーツ界はどうトランスジェンダー課題と向き合うべきか

　日本において、トランスジェンダー課題を考える際に注意するべき点がある。これまで述べたUK Sportに倣えば一見よさそうに思えるが、日本と英国では異なる背景があり、そのまま倣えばすべてがスムーズに適応できるわけではない。今述べたように、法律の観点から見れば、日本はやっとLGBT理解増進法が成立した段階であり、すでに法的同性婚が認められ、Equality Actを有している英国とは社会的状況が異なるのは前提として認識しなければならない。そのうえで、日本と英国におけるほかの重要な違いも認識する必要がある。

　1つ目の違いは、欧米では一般的にMTFの人口が多い（Kuyper & Wijsen, 2014; World Professional Association for Transgender Health, 2012）ことに対して、日本においてはアジアのほかの複数の国、イランやブータンでの人口調査と同様にFTMの人口が多いという点である（Baba et al., 2011; Id et al., 2022; Talaei et al., 2022）。この理由としては、遺伝子的要因が関与している可能性が示唆されているほか、環境や社会的要因が関連していることが示唆されている。家父長制がまだ強く残っており、とくに男性にジェンダーロールが強く課されている場合、男性として生まれた人々がそのジェンダーロールから外れて生きていくのが、女性以上に困難であるという可能性である。つまり、生下時に与えられた性別が男性で、性自認が女性であってもそのようにカムアウトすることが社会的に、FTM以上に許容されにくい現状がある。日本で行われた人口調査は10年以上前のものであり、その頃より日本のジェンダー意識が変わったことから、人口の変化はもしかしたら起きているかもしれないが、まだMTFがFTMの人々より多くなったという学術的報告は見られない。

　日本の一般社会において、FTMが多ければ、同様にスポーツを行うアスリートでもFTMが多いことは推測できる。実際私たちが2019年に行った、日本サッカー界の指導者を対象とした意識調査でトランスジェンダーアスリートの指導経験の有無を質問したところ、FTMを指導したことのある人がMTFの指導経験がある人を上回った（Sadamasu et al.,

2022)。もちろん、スポーツにより傾向が異なる可能性もあるが、少なくともサッカーでの状況は一般人口におけるものと同じ傾向だった。

　2つ目の違いは、スポーツの仕組みである。ヨーロッパに在住しながら、様々な国から来た学生とスポーツについて学んでいるとその違いを感じる。日本では学校スポーツ、そして部活動、大学スポーツの存在はとても大きい。私が専門として関わるサッカーを例に挙げると、WEリーガーやJリーガーを目指す場合、WEリーグやJリーグに所属する各クラブの下部組織からトップまで昇格していくパターンもあれば、大学のサッカー部を経てWEリーグ、Jリーグに加入する場合もある。時には、中高年代までクラブの下部組織に所属するも、いったん高校や大学のサッカー部に所属し、最終的にWEリーグ、Jリーグに加入する例もある。また、日本サッカー協会によるJFAアカデミーからWEリーガーやJリーガーを目指すルートもあり、多種多様であるのが特徴である。一方で、ヨーロッパではプロを目指すなら基本的には各クラブの下部組織を経るというのが一般的である。そのため、日本のサッカーにおいては、どこまでがいわゆるグラスルーツなのか、どこからがエリートサッカーなのかの区別が不明瞭である。したがって、トランスジェンダーの参加規程をつくる場合、グラスルーツではインクルージョンを優先し、個人のジェンダーアイデンティティに応じて性別カテゴリーを選択可能としたくても、そのルールをどこまで適応するのがよいのかの判断が非常に難しい。そして、どこから、たとえばMTFの人々に対しては女子カテゴリーに出るには、テストステロン値の低下が必要であるというIOC Consensusに代表されるようなポリシーを適用するのがよいのか悩ましいというのが現状である。このジレンマは日本スポーツの成り立ちに起因する日本特有のものであろう。

　したがって、日本の競技団体でトランスジェンダー参加規程をつくる際、他国のポリシーをそのまま導入するのではうまく対応できない場面が予想され、日本のジェンダー事情やスポーツ背景を理解したうえで、日本特有のポリシーを導入する必要性に迫られる。

まとめ

　第7章では、日本と英国を対比させることで見えてくる日本のスポーツとトランスジェンダー課題を考えた。LGBT理解増進法が成立したため、スポーツ界におけるジェンダー事情もさらに加速して大きく変容していくことが見込まれる。日本は今まさに転換点にいる。少しでもよい方向にスポーツ界が向かうように、一人一人が関心を持つことが何より重要である。

参考文献

1) Baba, T., Endo, T., Ikeda, K., Shimizu, A., Honnma, H., Ikeda, H., Masumori, N., Ohmura, T., Kiya, T., Fujimoto, T., Koizumi, M., & Saito, T. (2011). Distinctive features of female-to-male transsexualism and prevalence of gender identity disorder in Japan. The Journal of Sexual Medicine, 8(6), 1686–1693. Retrieved from 10.1111/j.1743-6109.2011.02252.x

   BBC. (2023). British Cycling to ban transgender women from competing in female category. https://www.bbc.com/sport/cycling/65718748

2) Devine, C. (2022). Female Olympians' voices: Female sports categories and International Olympic Committee Transgender guidelines. International Review for the Sociology of Sport, 57(3), 335–361. Retrieved from 10.1177/10126902211021559

3) Devine, J. W. (2019). Gender, Steroids, and Fairness in Sport. Sport, Ethics and Philosophy, 13(2), 161–169. Retrieved from 10.1080/17511321.2017.1404627

4) Harper, J., O'Donnell, E., Sorouri Khorashad, B., McDermott, H., & Witcomb, G. L. (2021). How does hormone transition in transgender women change body composition, muscle strength and haemoglobin? Systematic review with a focus on the implications for sport participation. British Journal of Sports Medicine, 55(15), 865–872. Retrieved from 10.1136/bjsports-2020-103106

5) Id, L. K., Kinley, K., Norbu, Y. C., Tobgay, T., & Tsheten, T. (2022). Population size estimation of transgender women and men in Bhutan. 1–9. Retrieved from 10.1371/journal.pone.0271853

6) Kuyper, L., & Wijsen, C. (2014). Gender Identities and Gender Dysphoria in the Netherlands. Arch Sex Behav, 43, 377–385. Retrieved from 10.1007/s10508-013-0140-y

7) Mail Online. (2023). "Biological sex really matters" : Rishi Sunak wades into transgender prisoner row and says trans athletes competing in women's sport seems "unfair" - as he defines a woman as "adult human female." https://www.dailymail.co.uk/news/article-11707375/Rishi-Sunak-takes-stand-trans-debate-Piers-Morgan-interview.html

8) Martinková, I. (2020). Unisex sports: challenging the binary. Journal of the Philosophy of Sport, 47(2), 248–265. Retrieved from 10.1080/00948705.2020.1768861

9) Pike, J. (2021). Safety, fairness, and inclusion: transgender athletes and the essence of Rugby. Journal of the Philosophy of Sport, 48(2), 155–168. Retrieved from 10.1080/00948705.2020.1863814

10) Sadamasu, A., Yamaguchi, S., Akagi, R., Sasho, T., & Ohtori, S. (2022). Knowledge of and experience with transgender players among soccer team staff : a cross-sectional questionnaire design. The Physician and Sportsmedicine, 50(3), 244–250. Retrieved from 10.1080/00913847.2021.1911569

11) Talaei, A., Hedjazi, A., Badieyan, N., Maliheh, M., & Nasim, D. (2022). The epidemiology of gender dysphoria in Iran: the first nationwide study. Archives of Sexual Behavior, online first. Retrieved from 10.1007/s10508-021-02250-y

12) UK Sport. (2021). Guidance for Transgender Inclusion in Domestic Sport. https://www.uksport.gov.uk/news/2021/09/30/transgender-inclusion-in-domestic-sport

13) World Professional Association for Transgender Health. (2012). Standards of care for the Health of Transsexual, Transgender, and Gender- Nonconforming People. World Professional Association for Transgender Health. Retrieved from 10.1215/23289252-9311060

CHAPTER

8

東西冷戦時代に
ソ連で何かあったのか

はじめに

　トランスジェンダー課題は「MTFの女子カテゴリー参加は許容されるべきか」という点にフォーカスが当てられる。それもそのはず、これを報道するメディアはいわゆる西側諸国のメディアであり、西側諸国ではトランスジェンダーはじめLGBTQ+はすでに社会的に認知され、かつMTFの人口がFTMの人口を上回り、目下彼らを取り巻くスポーツ課題が社会で注目されているからである。そして、この西側諸国に日本も属しているか、それに近い価値観を有しており、日本のメディアは西側諸国のことを報じるからである。

　しかし、世界のどの国もが似たような価値観を有しているわけではないのは前章でも言及した通りであり、イスラム圏やウガンダなどのアフリカ諸国はLGBTQ+の人々に対して極めて保守的で、法律でもって彼らの権利を制限している国もまだ多くある。

　また、同様に西側諸国と異なる価値観を有するロシアは、ウクライナへの軍事侵攻以降、西側の価値観への反発を強め、「LGBTQ+は西側か

■ Press姉妹（ソ連、陸上競技）

　ソ連出身のPress姉妹（IrenaとTamara）は陸上競技選手であり、二人とも1960年のローマオリンピック、1964年の東京オリンピックでメダルを獲得している。Irenaはハードルと五種競技、Tamaraは砲丸投げと円盤投げの選手であった。しかし、性別確認検査が1968年に導入されると、この姉妹はとたんに陸上競技の国際舞台から離れ、それ以降表舞台に出ることはなかった。これは偶然、このタイミングで起きた年齢やケガによる引退だったのか、それとも性別確認検査を回避するためのものだったのかは判別はできない。プーチン大統領はTamaraが75歳の誕生日を迎えたときに「あなたは対戦相手から尊敬され、何百万人ものファンから愛された」という祝福の言葉を送っている（Sandomir, 2021）。

■ Andreas Krieger（東ドイツ、陸上競技　砲丸投げ）

　東ドイツは現在のドイツのうち、第二次世界大戦終了後、ソ連の占領下に置かれていた領域に建国された国家を指す。Andreas Krieger氏（性別移行前の氏名はHeidi Krieger）はこの東ドイツ出身の砲丸投げの選手である（The New York Times, 2015）。SC Dynamo Berlin所属の選手であったKrieger氏はヨーロッパ選手権で優勝する活躍を見せた。2004年に国家による組織的ドーピングプログラムに参加していたことを公表し、ステロイドの大量使用を認め、ステロイド使用によって引き起こされた疾患を有していると明かした。Krieger氏はトランスジェンダー（FTM）であることも明らかにし、性別違和や性別移行を望む気持ちはドーピングを行う前からあったと証言している。引退後に性別移行を行い、現在の氏名に変更した。また同じく東ドイツの組織的ドーピングプログラムの被害者であるUte Krauseと結婚した。

■ ドイツ政府によるドーピング被害者救済措置

　ベルリンの壁が崩壊し、徐々に東ドイツで行われたドーピングの実態が明らかになった。Werner Franke氏やBrigitte Berendonk氏など学者による調査の他、実際にドーピングプログラムに組み込まれたInes Geipel氏らの証言による貢献が大きい。2000年に、東ドイツのスポーツ界幹部だったManfred Ewald氏、スポーツ医学の責任者Manfred Höppner氏が執行猶予付きの実刑判決を受けた。また、2005年にドイツ政府はドーピングを強制された元アスリートに対して10,400ユーロの補償金を支払い救済措置をとることを決定した（UNESCO, 2006）。しかし、自身も被害者でありながらドーピング被害者支援を行うInes Geipel氏は、報復を恐れたり、現在の社会的地位を失うことを恐れ、実際に救済措置を受ける元アスリートはわずかであると述べている。

ら流入した、自分たちの価値観を脅かす危険な価値観」と一方的に位置づけ、2022年には反LGBT法を成立させた。軍事侵攻が始まる数カ月前には、プーチン大統領は西側のトランスジェンダーアスリートを「ス

ポーツを脅かす存在である」と非難している（RT, 2021）。しかし、歴史を振り返ってみれば、ロシアの前身である旧ソ連は1991年に崩壊したが、それまで女子カテゴリーにおける性別疑義、つまり女性カテゴリーに出場している女性アスリートの女性性が疑われてきた歴史がある。第8章では旧ソ連における性別疑惑はどのようなものだったのか、具体的に紐解いてみたい。

旧ソ連やロシアにとってのスポーツ

　日本に住んでいる私たちにとって、スポーツとは何かと考えると、スポーツはスポーツであり、それ以上もそれ以下でもない。それに対して、旧ソ連やロシアにとってスポーツとは国家の安全保障の柱と認識されている。たとえば、この認識があらわになった事例としては、2014年ソチオリンピックの際に明らかになったロシアのドーピングスキャンダルに伴う国際スポーツからの制裁を課された際のロシアの反応である。ロシア国内で出された学術論文には、「これはアメリカ率いる西側諸国による情報戦である、ロシアが2014年に一方的に行ったウクライナのクリミア半島の違法な占領への報復措置としてのハイブリッド戦争である」(Sergey, 2017) など、私たちの道徳的価値観とはかけ離れた考えでこのスキャンダルを捉え、スポーツにおけるロシアの地位低下はロシアの明確な危機であると考えていることが、学者がロシア国内で発表している論文により明らかになった。このように、ロシアにとって国際スポーツの舞台というのは、私たち日本人が捉えている以上に重要な意味を持ち、それゆえに私たち日本人とはまた異なった意味での勝利至上主義が求められる。

　これはロシアだけではなく、ロシアの前身の旧ソ連でも同様だった。スポーツは国内で愛国心を高めるツールである一方で、国外向けには国際大会で国力を披露するよい機会だった。それだけではなく、スポーツを通じて情報工作を行ってきたとされている。ソ連国家保安委員会(KGB)の部局にはスポーツ担当部署があり、国内外の協力者の養成や、プロパガンダの発信源としてスポーツを利用する、またドーピング工作などを担当したとされる (Makarychev & Medvedev, 2019; 保坂, 2023)。

性別に関する疑惑

　ドイツの学者Stefan Wiederkehrは2009年に「We Shall Never Know the Exact Number of Men who Have Competed in the Olympics Posing as Women': Sport, Gender Verification and the Cold War（日本語訳：女性を装ってオリンピックに出場した男性の正確な数を知ることはでき

表 8-1 陸上競技における各種目の世界記録
グレーはソ連とその衛星国である東ヨーロッパによって 1991 年のソ連崩壊までに樹立された記録。男子より女子で多いことが分かる。

種目	女子 選手	女子 国籍	女子 年	男子 選手	男子 国籍	男子 年
100m	Florence Griffith-Joyner	USA	1988	Usain Bolt	Jamaica	2009
200m	Florence Griffith-Joyner	USA	1988	Usain Bolt	Jamaica	2009
400m	Marita Koch	East Germany	1985	Wayde Van Niekerk	South Africa	2016
800m	Jarmila Kratochvilova	Czechoslovakia	1985	David Rudisha	Kenya	2012
1000m	Svetlana Masterkova	Russia	1996	Noah Ngeny	Kenya	1999
1500m	Faith Kipyegon*	Kenya	2023	Hicham El Guerrouj	Morocco	1998
One Mile	Sifan Hassan	Netherlands	2019	Hicham El Guerrouj	Morocco	1999
2000m	Francine Niyonsaba	Burundi	2021	Hicham El Guerrouj	Morocco	1999
3000m	Junxia Wang	People's Republic of China	1993	Daniel Komen	Kenya	1996
5000m	Faith Kipyegon*	Kenya	2023	Joshua Cheptegei	Uganda	2020
5km	Senbere Teferi	Ethiopia	2021	Berihu Aregawi	Ethiopia	2021
5km (mixed gender race)	Ejgayehu Taye	Ethiopia	2021	—	—	—
10,000m	Letesenbet Gidey	Ethiopia	2021	Joshua Cheptegei	Uganda	2020
10km	Agnes Jebet Tirop	Kenya	2021	Rhonex Kipruto	Kenya	2020
10km (mixed gender race)	Kalkidan Gezahegne*	Bahrain	2021	—	—	—
10km (mixed gender race)	Yalemzerf Yehualaw	Ethiopia	2022	—	—	—
One hour	Sifan Hassan	Netherlands	2020	Mo Farah	Great Britain	2020
Half Marathon	Peres Jepchirchir	Kenya	2020	Jacob Kiplimo	Uganda	2021
Half Marathon (mixed gender race)	Letesenbet Gidey	Ethiopia	2021	—	—	—
Marathon	Mary Keitany	Kenya	2017	Eliud Kipchoge	Kenya	2022
Marathon (mixed gender race)	Brigid Kosgei	Kenya	2019	—	—	—
50km	Emane Seifu	Ethiopia	2021	CJ Albertson*	USA	2022
50km (mixed gender race)	Desiree Linden	USA	2021	—	—	—
100km	Tomoe Abe	Japan	2000	Nao Kazami	Japan	2018
3000m Steeplechase	Beatrice Chepkoech	Kenya	2018	Lamecha Girma*	Ethiopia	2023
100m Hurdles	Tobi Amusan	Nigeria	2022	Aries Merritt	USA	2012
400m Hurdles	Sydney McLaughlin	USA	2022	Karsten Warholm	Norway	2021

種目	女子 選手	女子 国籍	女子 年	男子 選手	男子 国籍	男子 年
High Jump	Stefika Kostadinova	Bulgaria	1987	Javier Sotomayor	Cuba	1993
Pole Vault	Yelena Isinbayeva	Russia	2009	Armand Duplantis	Sweden	2023
Long Jump	Galina Chistyakova	Soviet Union	1988	Mike Powell	USA	1991
Triple Jump	Yulimar Rojas	Venezuela	2022	Jonathan Edwards	Great Britain	1995
Shot Put	Natalya Lisovskaya	Soviet Union	1987	Ryan Crouser*	USA	2023
Discus Throw	Gabriele Reinsch	East Germany	1988	Jürgen Schult	East Germany	1986
Hammer Throw	Anita Wlodarczyk	Poland	2016	Yuriy Sedykh	Soviet Union	1986
Javelin Throw	Barbora Spotakova	Czechia	2008	Jan Železný	Czechia	1996
Heptathlon	Jackie Joyner-Kersee	USA	1988	—	—	—
Decathlon	Austra Skujyte	Lithuania	2005	Kevin Mayer	France	2018
10,000m Race Walk	Nadezhda Ryashkina	Soviet Union	1990	—	—	—
20,000m Race Walk	Olimpiada Ivanova	Russia	2001	Bernardo Segura	Mexico	1994
20km Race Walk	Jiayu Yang	People's Republic of China	2021	Yusuke Suzuki	Japan	2015
35km Race Walk	Maria Pérez*	Spain	2023	—	—	—
30,000m Race Walk	—	—	—	Maurizio Damilano	Italy	1992
50,000m Race Walk	—	—	—	Yohann Diniz	France	2011
50km Race Walk	Hong Liu	People's Republic of China	2019	Yohann Diniz	France	2014
4x100m Relay	USA	USA	2012	Jamaica	Jamaica	2012
4x200m Relay	USA Blue	USA	2000	Jamaica	Jamaica	2014
4x400m Relay	Soviet Union	Soviet Union	1988	USA	USA	1993
4x800m Relay	Soviet Union	Soviet Union	1984	Kenya	Kenya	2006
4x1500m Relay	Nike/Bowerman Track Club	USA	2020	Kenya	Kenya	2014
Road Relay	People's Republic of China	People's Republic of China	1998	Kenya	Kenya	2005
Distance Medley Relay	USA	USA	2015	USA	USA	2015
Distance Medley Relay	USA*	USA	2022			

*承認待ち
https://olympics.com/en/news/athletics-all-track-and-field-world-records-at-a-glance

ない：スポーツ、性別確認検査、東西冷戦）」という論文を出している（Wiederkehr, 2009）。この論文をメインに、ほかの論文（Joan, 1996）や記事も参考にしながら東西冷戦時代のスポーツを振り返ってみる。

　第二次世界大戦中、ソ連はオリンピックやブルジョワ階級のスポーツを敬遠し、労働者階級のスポーツに重点を置く政策をとっていた。しかし、第二次世界大戦終了後、この政策を転換させ、1951年にはオリンピックムーブメントに参加、翌1952年ヘルシンキで行われた夏季オリンピックに初めてソ連の選手団が参加した。そしてこれ以降、ソ連の選手は資本主義国の西側諸国と同等の成績を打ち立てたことから、これが東西冷戦期における「Cultural Cold War」と認識され、ソ連の良好な競技成績は西側諸国にとって脅威と映るようになった（Wiederkehr, 2009）。とくにソ連の女性アスリートは、アメリカより良好な成績を収めることも多かった。結果、国際スポーツの舞台で東西の対立が明確化し、政治色がより濃くなっていった。そして、1950年代から1960年代にかけて旧ソ連の陸上競技の女性アスリートに性別の疑義が浮上するようになり、その疑惑は旧ソ連の影響下に置かれた衛星国である東ヨーロッパも同様であった。

　スポーツの歴史上、初めて性別確認検査が行われたのは、1966年にブタペストで行われたヨーロッパ陸上競技選手権であり、当時の国際陸上競技連盟（現在の世界陸連）によって導入された。そのとき活躍していたソ連や、その衛星国の東ヨーロッパ出身の女性アスリート数名の性別に疑いがあったとされる。

　カコミ記事に書いたソ連のPress姉妹のほかにも、Maria Itkina（ソ連、欧州選手権優勝4回）、Tatiana Shchelkanova（ソ連、欧州選手権優勝1回）、Iolanda Balas（ルーマニア、五輪優勝2回）など華々しい経歴を持つソ連と衛星国出身のアスリートがいたが、このアスリートたちは性別確認検査を経ることはなかった。東ドイツのスポーツドクターで元アスリートでもあったIngrid Bausenwein氏は1968年に世界記録を持つ11名のうち5名の陸上競技女子選手は「女性」性に疑いがあると明らかにしたという記録がある（Wiederkehr, 2009）。

　結局のところ、この時代にソ連とその衛星国で何があり、何が行われていたのかは推測の域を出ない。しかし、国家や東西冷戦という時代の特殊性、様々な状況証拠や証言からはいくつかの仮説は成り立つ。1つは、（1）シス男性アスリートが女性に扮した、（2）性分化疾患を抱える女性アスリートがいた、（3）シス女性もしくはFTMのアスリートがドーピングに当たる蛋白同化男性化ステロイド薬を使用した（Krieger氏、カコミ記事2参照）という可能性である。ただ、「女性」性に疑いがあ

る選手がいたというBausenwein氏の発言を真実とするならば、(1) と (2) の可能性が高くなり、加えて性分化疾患がそもそも有病率が低い稀な疾患であると考えると (1) の可能性が高くなる。しかし注意するべき点はすべてチームや国家の戦略として行われたであろうということある。そしてソ連の目的は打倒アメリカ、西側諸国だったこと、そのためにいかにスポーツで勝利するかという価値観にすべてが注がれ、その中で多くのアスリートも関与し、犠牲になってきた。そして、その風潮は今のロシアにも受け継がれている。

性別確認検査の中止

その後、性別確認検査は非常にセンシティブなものであるのにもかかわらず女性アスリートを対象として必須化とされ、プライバシーの配慮を欠いていたことなど、人道的観点から問題があると認識されるようになった。そして、1998年に必須の性別確認検査は中止された (Wiederkehr, 2009)。性別確認検査の倫理的問題は、性別という個人の極めてセンシティブな部分を明らかにすることだけではなく、医学の発展に伴う医療倫理に関するものでもある。つまり、それまで不可能だったことが新たな医療技術、この場合、1960年代初頭には可能となったとされる染色体検査によって女性アスリートの「本当の」性別を明らかにすること、果たしてそれがスポーツの公平性の保障のためという理由で許されるべきことなのか、医療技術の不適切な使用ではないのか、その点が議論となり、今も続く課題である。スポーツという場において、女性アスリートをターゲットにし必須検査として行われた性別確認検査の歴史はもちろん非難されるべきである。しかし、性別確認検査の歴史や倫理的課題を非難するだけでは、仮にもし国家ぐるみの不正に巻き込まれたアスリートがいるならば、そのアスリートたちの存在を消しかねない。Wiederkehrらが指摘するようにこの東西冷戦時代の性別に関する疑惑に対する検証は不十分であり、国家によって性別を偽ることを強制させられる、などにより不正に加担させられたそのアスリートたちの救済と、今後の予防策を立てることを徹底して行う必要がある。

陸上競技における世界記録

陸上競技における女子カテゴリーの世界記録は東西冷戦時代に樹立され、今に至るまで長い年月を経ても破られていないものが多くある。この章のテーマである旧ソ連とロシアの観点で語れば、それらは性別に関するなんらかの不正、もしくは国家主導のドーピングによって樹立された疑いが持たれている。もちろんこの時代に本当は何が起きたのかはわ

からない部分は多くあるが、時代や国の背景や特殊性を考慮するに、アスリートを利用した何らかの不正があったと考えるのが妥当であり、ジャーナリズムや学術界の一部ではそのように捉えられてきた。参考資料として国際オリンピック委員会（IOC）が公開している各陸上競技種目における世界記録樹立者と国籍、記録樹立年を表にしたので参考にしてほしい（表8-1、IOC, 2022）。

まとめ：ロシアによるウクライナへの軍事侵攻の影響とこれから

　2022年、ロシアはウクライナに軍事侵攻を開始した。これは明確な国際法違反である。国際オリンピック委員会（IOC）をはじめ、各国際競技団体はロシアとそれに協力したベラルーシを国際スポーツの舞台から追放することを決定した。軍事侵攻開始から1年7カ月が経過し、現在、1年後の開催に迫ったパリオリンピックの参加資格をめぐって協議がなされている最中である。本書の校正中、アジアオリンピック評議会はロシアとベラルーシ選手の中立のもとでの参加を許可する見込みであると報道された一方、国際オリンピック委員会（IOC）はロシアとベラルーシに招待状を送らなかったことが判明した。

　スポーツと政治は切り離されるべきであるという言葉は今まで以上によく聞くようになった。しかし、これまでたどってきた歴史から両者を切り離そうにも切り離せなかったことがよくわかる。ソ連時代に回帰していくようなロシアと、西側諸国と歩み始めているウクライナ、戦時下の今、改めて東西冷戦時代のソ連とその衛星国でスポーツを通して何があったのか、考えてみるよい機会ではなかろうか。

参考文献

1) IOC. (2022). Athletics: All track and field world records at a glance. https://olympics.com/en/news/athletics-all-track-and-field-world-records-at-a-glance
2) Joan, S. (1996). Olympians' sex tests outmoded. JAMA, 276(3), 177–178.
3) Makarychev, A., & Medvedev, S. (2019). Doped and disclosed: Anatomopolitics, biopower, and sovereignty in the Russian sports industry. Politics and the Life Sciences, 38(2), 132–143. Retrieved from 10.1017/pls.2019.11
4) RT. (2021). Transgender controversy poses threat to sports –Putin. https://www.rt.com/sport/544220-vladimir-putin-transgender-athletes-olympics/
5) Sandomir, R. (2021). Tamara Press, Olympian Whose Feats Raised Questions, Dies at 83. The New York Times. https://www.nytimes.com/2021/05/04/sports/tamara-press-dead.html
6) Sergey, V. K. (2017). Phenomenon of russophobia : socio-philosophical analysis. Social and Political Sciences, 2, 54–59.
7) The New York Times. (2015). A Body Changed Forever by Steroids. https://www.nytimes.com/2015/11/29/sports/a-body-changed-forever-by-steroids.html
8) Wiederkehr, S. (2009). 'We Shall Never Know the Exact Number of Men who Have Competed in the Olympics Posing as Women': Sport, Gender Verification and the Cold War. The International Journal of the History of Sport, 26(4), 556–572. Retrieved from 10.1080/09523360802658218

9) 保坂三四郎．(2023)．諜報国家ロシア．中公新書．
10) UNESCO. (2006). Sports winning at any cost? The UNESCO Courier, September, 10–11. https://unesdoc.unesco.org/ark:/48223/pf0000191752

CHAPTER
9

スポーツにおける
ピンクウォッシング

はじめに

　今ではLGBTQ+という言葉が浸透し、LGBTQ+の人々に対する社会的な認知度も以前に比べれば増している。日本においても、2023年ついにLGBT理解増進法が成立し、この傾向は一層強まるだろう。そして、LGBTQ+のシンボルであるレインボーカラーやフラッグも、街で見かけることが以前よりも増えた。最近ではトランスジェンダーのシンボルであるピンク、白、水色のフラッグも広まってきている。これらが単なる色としてではなく、これがLGBTQ+のシンボルであるということも世間では知られるようになった。フラッグを掲げる、色を示すことでLGBTQ+への連帯を示していることにもなるが、一方で、政治的、商業的な利点を目的としてこれらを使用するケースが散見されるようになった。いち早くジェンダー改革に取り組んできた北米や西ヨーロッパではこの現象を「ピンクウォッシング」と名付け非難している。第9章ではスポーツとピンクウォッシングをテーマに取り上げることにする。

グリーンウォッシング

　ピンクウォッシングは知らないがグリーンウォッシングなら知っている人はいるかもしれない。Mahoneyらは、「グリーンウォッシングとは、社会政治的な視点として、企業が社会環境における正当性を構築するために、その組織によるグリーン（日本で言う"エコ"）な取り組みについて積極的なコミュニケーションを報告することであり、産業界の環境保護活動に対する過大表現である」と定義した（Ali & Johnson, 2018）。わかりやすく言うと、「エコ」「サスティナブル」「ナチュラル」「グリーン」という一見環境に良さそうな言葉を巧みに使用することで消費者を誘導し、実際には環境保全に役立っていないにもかかわらず、社会・経済的な利益を上げる行為を指す。具体例としては、アイルランドの格安航空会社が「欧州で最も排出量が少ない航空会社」と根拠を示さず自社に関して宣伝を行ったとの理由で広告の使用禁止を課された（BBC NEWS Japan, 2021）。また、英国は国内でグリーン・クレーム・コードというガイドラインを制定し、環境に関わる宣伝を打ち出す際には、(1) 誠実かつ正確である、(2) メッセージや認証情報は明確にする、(3) 重要な情報を省いたり隠したりしない、(4) 公正で意味のある比較のみを行う、(5) 製品のライフサイクル全体を考慮する、(6) 最新かつ信頼できる証拠で立証できる、という条件を企業側に求めた（GOV.UK, 2021）。

　スポーツにおける事例も散見される。たとえば、東京オリンピックは持続可能な開発目標（SDGs：Sustainable Development Goals）達成を最優先課題に挙げ、グリーンな未来を築くための大会として宣伝した（AFP BB News, 2021）。しかし、大会後には13万食もの弁当などが廃棄されたことが明らかになったり、またコロナ感染対策として用意されたガウンなどが多く廃棄されたりなど、環境保全の実態とはかけ離れた点が散見された（NHK, 2021）。これをグリーンウォッシングと呼ぶかは判断し難いが、環境に配慮した行いとは遠く、対策が不十分だったことは否定できない。

ピンクウォッシング

　グリーンウォッシングを理解すれば、ピンクウォッシングの意味は想像できるのではないだろうか。ピンクウォッシングもグリーンウォッシング同様、社会、経済的な利益を上げるためのマーケティング戦略であり、LGBTQ+、多様性、レインボーカラーなどを積極的に利用することにより、LGBTQ+に対して寛容であるように印象づけ、一方でその企業、公的機関、国などの悪い印象を払拭するなどを可能とするものであ

写真 9-1　カタール W 杯開催後の 3 月にドーハで開催されたアジアサッカー連盟（AFC）Medical Conference のプログラム。カタール W 杯では使用を禁止された虹色に近いデザインである。学会テーマは"Celebrating Diversity"。セッションにはトランスジェンダーや性分化疾患に関する性のセッションも設けられた。参加者の服装から判断するにムスリムも多くいたため、議論はやや控えめだったが、イスラム圏で開催された医学会としては法に触れる可能性もある思い切ったテーマだった。

る。また、マーケティング上はLGBTQ+に寛容を示しつつも、実情とは違うということもピンクウォッシングに含まれる。

　たとえば、有名な事例を挙げればアメリカのハリウッド映画の事例がある（Sánchez-Soriano & García-Jiménez, 2020）。Sorianoらによれば、ハリウッド映画におけるピンクウォッシングは、「ハリウッドの大手映画プロデューサーらが、業界が性的多様性に関して寛容な業界と認識されるように計らい、LGBTQ+の観客を惹きつけるために用いるマーケティング戦略」と定義している。具体的に言うと、ハリウッド映画は実に昨今、ダイバーシティを強調し、キャストの中にLGBTQ+の役を置くことを積極的に行い、そして宣伝を行っている。しかし、報告によれば、実際にLGBTQ+の役の登場時間は5分未満の場合が多く、非LGBTQ+の役柄の人々に比べると登場時間が少ない。またLGBTQ+の登場人物は多くが白人であり、有色人種が少ないことが指摘されている。

かねてより、ハリウッドの世界が白人の、中でもとくに男性が優遇されてきたということは周知の事実である。したがってLGBTQ+に寛容な姿勢を打ち出しているものの、実際に分析を行えば実情が異なることが明らかになった。これがピンクウォッシングに該当すると非難されたうえ、いまだ白人が優位である環境は変わっていないと問題を指摘されるようになった。ハリウッド側の戦略としては、映画内にLGBTQ+の役を置けば、LGBTQ+に寛容なイメージを打ち出すことが可能となり、結果視聴者やLGBTQ+当事者から好感を得られることが予想できる。そのうえ、また企業などのステークホルダーから多くの経済的利益が見込めるというものである。しかし、ピンクウォッシングは所詮「見せかけ」の戦略であることから、LGBTQ+の権利拡大に真剣である人々、当事者の人々、有識者から見ればすぐに真の姿は見破られてしまうのである。

スポーツにおけるピンクウォッシング

　昨今の有名な事例と言えば、2022年にカタールで開催されたサッカーW杯である。カタールW杯はLGBTQ+課題だけではなく、深刻な労働課題（スタジアム建設のための過酷な労働により移民が多く命を落としたとされる）も抱えたことから、ピンクウォッシングを含む用語であるスポーツウォッシングと形容されることが多かった。つまり、国の威信をかけてサッカーW杯という世界で最も大きなスポーツイベントを開催することで、国が抱えるネガティブな側面を消し去ろうとしたというのが、ここでのスポーツウォッシングの意味合いである。ピンクウォッシングはスポーツウォッシングに含有されるが、ここではカタールW杯でのピンクウォッシングを改めて検証する。

　10年前にカタールのドーハで2022年にW杯開催が決まってから、カタールはLGBTQ+の人々を受け入れる必要性に迫られた（REUTERS, 2022）。カタールはイスラム圏の国であり、国の法律として同性愛者の公共の場での愛情表現禁止など、男性同性愛者のみならずLGBTQ+全般に厳しい姿勢をとる文化を持つ国である。しかし、サッカーW杯というメガイベントを開催するならば、準備期間も含めて多くの海外からの来訪者を受け入れる必要があり、開かれた国になる必要があった。その準備期間として10年という年月があったのだが、W杯開催直前になり、ドーハのホテルの一部がLGBTQ+の人々の宿泊禁止、レインボーカラーを身にまとうことを禁ずるなど、LGBTQ+に対していまだ厳しい規則や、時に拘束などの罰則が課されることが明らかになった。

　欧州の各チームの主将は「One Love」というレインボーカラーを使用した腕章を身につけることで、多様性の発展を訴えることを計画した

が、結局国際サッカー連盟（FIFA）がこれを許さず、叶うことはなかった。ちなみに、カタールでは、同性同士の関係や、同性同士の関係を促進することも犯罪に該当する。

　カタールはW杯開催によって、国をより開かれたものにする前提で開催を承認されたはずなのだが、結局のところ、法規制などの改善がされたのかは不明であり、反対に自国の抱える課題がより色濃く世界に発信された。カタールのW杯開催の1つのねらいは、イスラム諸国の中では最も開かれた、西側諸国に近い国と国内外で認知されることだった。フットボールという世界で最も人気のある西側諸国にルーツがあるスポーツを、イスラム圏で初めて開催することはカタールにとっては大きな契機だった。より開かれた国であると印象づけたく、そのように国を変えるような努力をすると見せかけて、実はLGBTQ+の当事者の視線に立てばいまだ保守的で、自由が保障されていなかった。宣伝などで外部に打ち出してきた印象と、実情が異なったという点で、やはりカタールW杯はピンクウォッシングと言われても否定できない。もちろん、カタール側からすれば、自国の持つイスラムの風習や教義を容易に変更することや、西側諸国からの外圧によって変更を余儀なくされるわけにはいかないというのが本音だろう。また、2034年のサッカーW杯の開催国としてサウジアラビアが有力候補となっている。サウジアラビアはカタール以上にLGBTQ+に対して保守的な価値観を有することから、カタールW杯以上に様々な問題が露呈することが予想され、欧州の一部、人権団体などは同国での開催に反対している。

東京オリンピックから何を学ぶのか

　東京オリンピック・パラリンピックのエンブレムとして採用されたのは市松模様を使用したデザインのもので、「形の異なる3種類の四角形を組み合わせて、国や文化・思想などの違いを示している。そこには多様性と調和というメッセージが込められ、オリンピック・パラリンピックが多様性を認め合い、つながる世界を目指す場であることを表した」、と国際オリンピック委員会（IOC）の公式ホームページでは公開されており、また国外向けには「Unity in Diversity」と英語で表現された（IOC, 2020）。東京オリンピックを契機に、多様性に関する様々なイベントやコンテンツの提供を目的として、団体・個人・企業・大使館などが協働するプライドハウスが設立された。プライドハウスによりLGBTQ+に関する情報発信が行われ、多様性に関する様々なイベントが開催された（プライドハウス東京, 2020）。実際に東京大会には、ニュージーランドの女子ウェイトリフティング代表としてMTFアスリートのハバード選手

がトランスジェンダーアスリートとして、かつ性別カテゴリーを変えて参加した。これは、オリンピックの歴史上初めてのことだった。また、性別カテゴリーを変えずに参加したカナダの女子サッカー選手クィン選手は自身をトランスジェンダー／ノンバイナリーと公表していた。東京オリンピック組織委員会がエンブレムを使用したり、またプライドハウスから積極的に国内外に発信したり、そのうえ、偶然であるが同大会にトランスジェンダー選手が参加したことも重なり、東京オリンピック2020は「多様性に富んだ」、「インクルーシブ」なイメージがとくに国外では持たれるような傾向が、少なくとも当時欧州に在住していた筆者の周りにはあった。

　東京2020がインクルーシブであれば当然、開催都市である東京や、日本という国にそのようなイメージを抱いていた人もいた。東京2020終了後、筆者はバルセロナのポンペウファブラ大学に在籍しており、授業の課題としてスポーツとピンクウォッシングのプレゼンテーションを行うことになった。そこで、一緒に在籍する同級生たちには東京オリンピックはLGBTQ+の観点からはどのように映るのだろうかと、題材として挙げたのが東京2020だった。東京2020でのダイバーシティに対する取り組みなどを紹介しつつ、実際の日本や東京の法制度などを伝えた。当時の状況では、開催都市の東京の一部自治体はパートナーシップ制度を導入していたが、しかし、実際には国としては当時はLGBT理解増進法もなく、もちろん法的同性婚やパートナーシップ制度も認められていない。トランスジェンダーに関して言えば、戸籍上の性別変更を完了するには生殖能力を失うための外科的手術が必要であり、決して理解や支援が進んでいる国とは言えない[※]。以上を伝えたところ、フランスやブラジルの同級生からは「東京には先進的でとてもインクルーシブなイメージを抱いていたので実際の話を聞いて驚きである」「ピンクウォッシングではないのか」という声が挙がった。

　重要なことは、仮にこの事例がピンクウォッシングに該当するならば、ピンクウォッシングで終わらせてはならないということである。幸い、オリンピックのソフトレガシー（スポーツメガイベント開催によりもたらされる、インフラなどのハード面以外の遺産）なのか、本邦でのジェンダー意識の高まりは起きている。いまだ不十分なLGBTQ+への理解や認識、支援などをさらに拡充していくことが必要である。また今後スポーツメガイベントを日本で行うならば、ピンクウォッシングではなく本質的に社会に貢献できる形で多様性に関して実行可能な政策を打ち出すべきである。そうでなければ、当事者、真摯にこの課題に向き合う人に失礼であるとともに、浅はかな企みは世間にすぐに見破られてしまう。

※東京都は東京2020が終了した後の11月に都としてパートナーシップ宣誓制度を導入した。また2023年にLGBT理解増進法が成立した。

まとめ

　本章ではスポーツにおけるピンクウォッシングについて検証した。今後も日本ではメガイベントが開催されることがあるだろう。その際にはピンクウォッシングに該当するものがないかどうか、開催側は注意する必要がある。一方、視聴者や消費者である私たちも意識を持つ必要があり、この戦略に無自覚に踊らされてはならない。

参考文献

1) AFP BB News. (2021).【解説】グリーンな大会？ 東京五輪が環境に与える影響. https://www.afpbb.com/articles/-/3357573
2) Ali, A. E., & Johnson, J. (2018). Light Green Approach To Sport Environmentalism. In Routledge Handbook of Sport and the Environment (pp. 319–329). Routledge.
3) BBC NEWS Japan. (2021). 環境にやさしいと宣伝、でも実は……「グリーンウォッシング」を見抜く7つの知識. https://www.bbc.com/japanese/features-and-analysis-59217018
4) IOC. (2020). 東京2020ブランド. https://olympics.com/ja/olympic-games/tokyo-2020/logo-design
5) NHK. (2021). 東京オリンピックで弁当など13万食が廃棄…もったいない！【インスタ画像でわかりやすく解説】. https://www.nhk.or.jp/minplus/0019/topic039.html
6) REUTERS. (2022). アングル：W杯でＬＧＢＴに焦点、ドーハ在住のゲイには不安も. https://jp.reuters.com/article/us-soccer-worldcup-qatar-lgbt-idJPKBN2SC08W
7) Sánchez-Soriano, J. J., & García-Jiménez, L. (2020). The media construction of lgbt+ characters in hollywood blockbuster movies. The use of pinkwashing and queerbaiting. Revista Latina de Comunicacion Social, 2020(77), 95–116. Retrieved from 10.4185/RLCS-2020-1451
8) GOV.UK. (2021). Green claims code: making environmental claims. https://www.gov.uk/government/publications/green-claims-code-making-environmental-claims
9) プライドハウス東京. (2020). プライドハウスとは. https://pridehouse.jp/

CHAPTER 10

二極化する世界で
どう進むか

はじめに
　スポーツにおけるLGBTQ+課題の記述は本章が最後になる。そこで本章ではここまでのまとめに加えて、ここ最近改めてスポーツ界でも検証が必要と感じるようになった人権デュー・デリジェンス（Due Diligence）を中心に、二極化する世界で世界のスポーツ界はどう進むのか、また日本のスポーツ界はどうするべきかを最後に検証する。

二極化する世界
　昨今世界はpolarizationが加速している。英語で「polarization」、日本語では「二極化」と訳され、リベラルと保守派の対極化が明確となり、中間層が不在となることを指す。これは社会に分断をもたらし、社会を不安定化させる。Kreissらはこの現象は民主主義にとっては脅威であるとみなし（Kreiss & McGregor, 2023）、2020年にアメリカ国内での運動から世界各国まで影響をもたらしたBlack Lives Matter（BLM）に、その傾向が顕著に見られるとした。BLMはアメリカにおけるアフリカ系

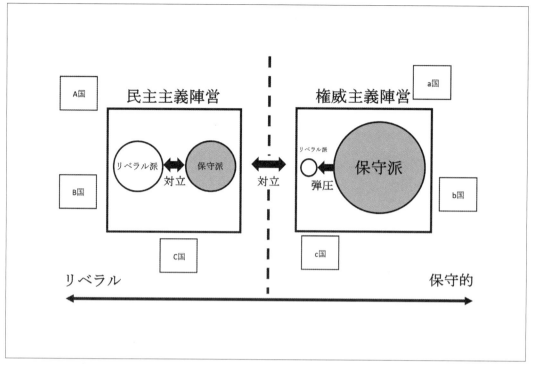

図10-1　世界における二極化の構造

アメリカ人の人権が軽視され、人種差別的、暴力などがいまだ存在することに対しての反対運動である。黒人の地位向上とともに人種差別をなくすことを願う人が、当事者である人々をはじめ多くいる一方で、Kreissらは黒人差別撤廃運動のような平等を求めるグループによる行動は、現在すでに権力を持ち支配的な地位にいる人々の権力や地位を脅かしうるため、しばしば二極化を引き起こすことを指摘した。つまり、BLMに反対する、人種差別撤廃を望まない人々がよりその志向を強め、結果、社会がより分断するとした。実際アメリカの保守派政党である共和党の議員は、BLMを「暴動」と呼び、軍隊でもって鎮圧することは妥当と述べた（Kreiss & McGregor, 2023）。

　一方で、民主主義国家の外を見てみると、人権に関して国連から問題を指摘されているような権威主義的な国家では、西側諸国の求める自由で開かれた民主主義を敵視し、より保守的で排他的な方向へ傾斜している。たとえば、中国は2022年、国連から国内において、イスラム系民族であるウイグル族などをはじめとする少数民族に対して、人権侵害を行っていると指摘されたが、これは西側諸国によって仕組まれた茶番だと反発した（BBC, 2022）。

　二極化は人種に関することだけではなく、人権全般において見られる傾向である。これは国内において保守派とリベラル派の対立構造を生み

出すだけではなく、グローバルな視点で見れば、中国の例にあるように民主主義国家陣営と権威主義的国家陣営の分断を加速させることでもある（図10-1）。

LGBTQ+と二極化

　二極化はLGBTQ+課題においても見られる。とくにこの事例は現在のアメリカにおいて顕著である。大統領を務めるバイデン氏は民主党所属であり、民主党は人権を重視してきた。このため、LGBTQ+課題に関してもLGBTQ+の人々の権利拡大を訴えてきた。しかし、両院制を敷くアメリカで、今現在下院では共和党が過半数を占めている。共和党の一部はトランプ元大統領を中心に、LGBTQ+、中でもトランスジェンダーの人々に対して極めて保守的な考えを持っており、トランスジェンダー医療の制限、また学校スポーツにおいてMTFの女子カテゴリー参加は禁止するなどの政策を州レベルで行ってきた。そして、下院でMTFの女子カテゴリー参加を禁ずる法案（Protection of Girls and Women in Sports Act [HR 734]）がとうとう通過した。これに対してバイデン大統領は、上院でも通過した場合は拒否権を発動すると声明を発表している（The Hill, 2023）。

　先述したように共和党は保守的な思考をより強めており、有色人種、移民、LGBTQ+に対して差別的、排除を加速させるような言動を議員が示すようになっている。一方、人権を重視する民主党はこれに強く反発している。大統領選挙を2024年に控えているという政治的背景もあり、アメリカ国内の二極化はより鮮明化している。

　では、日本においてはどうだろうか。2023年6月16日、日本においてLGBT理解増進法が成立した。この法律をめぐっては与野党のみならず、LGBTQ+当事者、また支援団体、一部世論も巻き込んでの大きな論争となった。この法律はLGBTQ+当事者への理解を深め、差別を行わないこと、事業者などにも同様の理解を求め、教育や研究の促進の必要性も記載されている。しかし、この法律が制定された直後の6月21日には、自民党の一部の議員が中心となり、「すべての女性の安心・安全と女子スポーツの公平性などを守る議員連盟」を設立している。これを執筆している2023年10月5日時点では議員連盟のスポーツに関しての目立った動きはなく（朝日新聞, 2023）、現在は性別移行を行う際に外科的な手術を必須とするべきか否かという点に注視しているようである。世界的に見れば先進国では手術要件は撤廃される、もしくはそちらに舵を切る傾向にあるが、議員連盟は手術要件撤廃に反対しており、リベラルに向かう方向とは逆の方向性を重んじている。議員連盟が今後ど

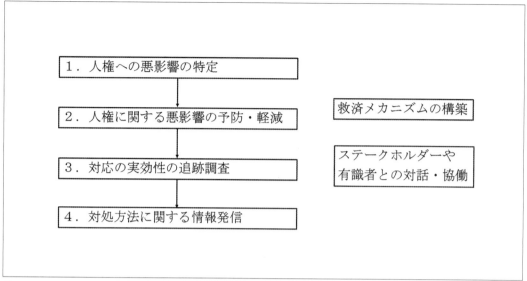

図10-2　人権デュー・ディリジェンスの実施（外務省，2021）

のようにスポーツに対して介入していくのかは現時点では不明であるが、このようなLGBTQ+に対してインクルーシブな環境をつくろうとするリベラルな世論とは逆の、それに抗うような論調が存在し、今後日本においてもより鮮明となっていく気配はすでにある。

人権デュー・ディリジェンス

　では、先進国ビジネス界で必要とされている観点が、経済協力開発機構（OECD）がOECD多国籍企業行動指針として規定した人権デュー・ディリジェンスという概念である。それに基づいて、外務省はビジネスと人権と題して、企業には人権を尊重する責務があるとし、企業がそれを実現するために必要なことをマニュアル化し提言した（外務省, 2021）。そのうえで、人権デュー・ディリジェンスとは、（企業が）「人権への悪影響を特定し、予防し、軽減し、そしてどのように対処するかについて説明するために、（1）人権への悪影響の評価、（2）調査結果への対処、（3）対応の追跡調査、（4）対処方法 に関する情報発信を実施する」一連の流れであると定義している（図10-2）。同マニュアルでは企業の取り組みが実例として公表されており、具体的に述べると、海外展開している企業については、海外拠点において外国人労働者に適切な労働環境が保証されているか、人身売買に関与していないかなど、リスクを評価し、透明性を確保し、人権侵害につながらないよう努力する。一方、国内の中小企業の事例も挙げられており、外国人、また高齢者やLGBTQ+の人々に対しても人権侵害をどのように予防しているか、また

> - 潜在的な人権リスクを特定し、大会の運営および実施に関連する自らの活動を通じて、人権に悪影響を与える、または一因となることを回避するために、オリンピック・パラリンピック競技大会組織委員会（OCOG）が講じる詳細な対策を含む。
> - 人権への悪影響が発生した場合、および発生した場合に対処し、是正するために実施されるプロセスと対策を詳述する。
> - OCOGの運営、第三者との取引関係を通じた製品やサービスに関連する人権への悪影響を防止または軽減するよう努める。
> - 影響を受ける可能性のあるグループとの効果的な協議、内部および外部とのコミュニケーション、評価を重要視する。
> - OCOG、開催都市、開催国オリンピック・パラリンピック委員会、開催国政府の大会関連活動に関連した人権尊重の取り組み、および大会実施を支援するサービス提供者やその他のステークホルダーについて、透明性とタイムリーな報告を確保すること。

図10-3　IOCによる開催都市、開催国オリンピック・パラリンピック委員会、開催国政府に求められる人権戦略の策定と実施規定（IOC, 2018）

今後していくか外部に公表している企業もある。
　この人権デュー・ディリジェンスは民間企業に必要と考えられている観点であるが、当然ながら公的な、それに近い機関にも今では必要な観点であり、次にスポーツ界における人権デュー・ディリジェンスについて述べる。

オリンピック開催国規定

　人権デュー・ディリジェンスはオリンピック開催都市にも必要と考え、国際オリンピック委員会（IOC）は2018年にオリンピック開催国規定と題したマニュアルの中に人権デュー・ディリジェンス実施の必要性を述べている（IOC, 2018；図10-3）。この実施が求められるのは開催都市、開催国オリンピック・パラリンピック委員会のみならず、開催国政府にも求められている。オリンピック運営に直接関わるサービスのみならず、第三者を通じて提供される製品やサービスにも人権侵害がないかの評価に関する透明性と報告義務が課されている。したがって、今後オリンピック、またはメガスポーツイベントを開催するには、人権デュー・ディリジェンスの実施の徹底が必要となってくる。

権威主義的国家

　最近オリンピックやサッカーW杯が開催されたロシア、中国やカタール、また2034年サッカーW杯開催国の有力候補であるサウジアラビアは権威主義的国家と言え、その首長は一様にしてスポーツメガイベントの開催を強く望み、強硬に実現しようとする傾向がある。一方で、これ

らの国では人権問題を多く抱えることが、かねてから指摘されており、そのような観点で言えば、人権デュー・ディリジェンス実施からはかけ離れ、IOCが規定したオリンピック開催国規定に人権面で抵触するため、開催国の候補になり得ないとも言える。

　昨今オリンピックやほかのスポーツメガイベントの商業化が顕著に進み、開催するには莫大な費用がかかる。また、経済効果も必ずしもあるとは言えないということが過去の研究により指摘されている（Malfas et al., 2004; 笹川スポーツ財団, 2022）。民主主義国家ではどうしてもこの負担が国民にのしかかるため、コロナ禍で開催された東京2020に見たように、開催に関して国民の多くから理解を得るのが難しい。しかし、これが権威主義的国家であれば、国民の意向に左右されないため、首長とそれを取り巻く一部の人間の意向で開催することが可能であり、財政を思うままに動かすことができてしまう。

　このように、IOCやとくにサッカーなど各国際競技団体は莫大な費用がかかる国際大会開催について、権威主義的国家に少しずつ依存するようになり、またそのような国にIOCや国際競技団体は忖度する傾向になる。2022年カタールで開催されたサッカーW杯で、国際サッカー連盟（FIFA）は最終的にLGBTQ+支持を意味するレインボーカラーの装着をピッチ上で認めないという判断をし、西側諸国や人権団体から非難された。それはFIFAがカタールの文化や社会的背景に配慮したというより、カタールという国や政府に忖度したと受け取られたからであろう。

学術が進む道、まとめ

　過去に比べてLGBTQ+に関する研究は増えているものの、いまだにLGBTQ+に関する研究には困難さはあり、差別の対象となることも指摘されている（Veldhuis, 2022）。そんな中、昨今のスポーツとLGBTQ+課題は西側諸国で過去に比べれば多くなされるようになっている。だが、それらはある一定のコミュニティを対象とした、そのコミュニティ内部の課題を研究するのみにとどまっている。LGBTQ+に関する国内情勢が安定していないため、ある程度学術的検証が内向きになるのが致し方ないだろう。しかし、よりグローバルな視点で俯瞰して見てみれば、本書で取り上げたように二極化する世界がある。西側諸国とは異なる価値観でLGBTQ+に対して差別的な言動をスポーツの世界で繰り広げる一部のコミュニティが存在することに注視し、批判的に検証を行う必要がある。

　スポーツは社会を反映し、社会は時にスポーツによって動かされる。スポーツにおけるLGBTQ+課題は決してスポーツの中で限定されたこ

とではなく、国内の、また国境を越えた世界の課題である。より広く、多角的な視点で検証し続けることを学術界は忘れてはならない。

参考文献

1) BBC.（2022）．中国がウイグル族に「人道に対する罪」の可能性＝国連報告書．https://www.bbc.com/japanese/62747614
2) IOC. (2018). IOC reinforces its commitment to transparency and reform by publishing Host City Contract. https://olympics.com/ioc/news/ioc-reinforces-its-commitment-to-transparency-and-reform-by-publishing-host-city-contract#:˜:text＝This follows the publication in March this year, well as their respective financial and contractual responsibilities.
3) Kreiss, D., & McGregor, S. C. (2023). A review and provocation: On polarization and platforms. New Media and Society. Retrieved from 10.1177/14614448231161880
4) Malfas, M., Theodoraki, E., & Houlihan, B. (2004). Impacts of the Olympic Games as mega-events. Municipal Engineer, 157(3), 209–220. Retrieved from 10.1680/muen.157.3.209.49461
5) The Hill. (2023). White House warns Biden would veto GOP's trans sports ban. https://thehill.com/homenews/administration/3954842-white-house-warns-biden-would-veto-gops-trans-sports-ban/
6) Veldhuis, C. B. (2022). Doubly Marginalized : Addressing the Minority Stressors Experienced by LGBTQ + Researchers Who Do LGBTQ + Research. Retrieved from 10.1177/10901981221116795
7) 外務省．（2021）．ビジネスと人権．https://www.mofa.go.jp/mofaj/gaiko/bhr/page23_003537.html
8) 朝日新聞．（2023）．「手術要件、違憲なら混乱」最高裁の判断前に、自民議連が声明．https://www.asahi.com/articles/ASR9865DDR98UTIL01Q.html
9) 笹川スポーツ財団．（2022）．東京2020大会の実態からみて、今後のオリンピックに経済効果は期待できるか【オリンピック・パラリンピックのレガシー】．https://www.ssf.or.jp/ssf_eyes/history/olympic_legacy/44.html

CHAPTER
11

終わりに：変革の時代

　本章は連載を書籍化するにあたり追加で執筆している。
　連載を開始した2022年12月からの一年間、日本におけるLGBTQ+に関連した一つ目の大きな変化は連載の中でも取り上げたようにLGBT理解増進法が2023年6月に成立したことである。
　そして、二つ目の大きな変化は同年10月に最高裁判所が「性同一性障害者の性別の取扱いの特例に関する法律（通称：特例法）」（衆議院, 2003）の性別変更における手術要件について憲法に違反すると判断したことである。特例法は2003年に制定されたもので、性同一性障害の人は戸籍上の性別を変更する際には、第三条の一〜五を満たす必要があり、そのうちの四：生殖腺がないこと又は生殖腺の機能を永続的に欠く状態にあること、について違憲と判断した。また、五：その身体について他の性別に係る身体の性器に係る部分に近似する外観を備えていること、については審理が不十分との判断で高等裁判所に差し戻しとなった。ついに2024年2月には、性別適合手術を経ていないトランスジェンダー（FTM）当事者の、男性への性別変更が認められた。

今まさに日本はジェンダーに関して変革の時代に突入した。過去には見られない速さでモラルや価値観も変容していく、それに見合った行動変容が社会にも個人にも求められるようになった。では今、スポーツに求められるものは何か。スポーツは社会が反映される鏡である。社会が変わるならばスポーツも変わる。そう、我々はきっと大きな転換期にいる。

参考文献
1) 衆議院. (2003). 性同一性障害者の性別の取扱いの特例に関する法律. https://www.shugiin.go.jp/internet/itdb_housei.nsf/html/housei/15620030716111.htm

著者紹介

貞升　彩

整形外科医師・医学博士、スポーツ倫理・インテグリティ修士、日本スポーツ協会公認スポーツドクター、千葉大学大学院医学研究院整形外科学客員准教授

2010年、岐阜大学医学部医学科卒業、2012年、千葉大学大学院医学研究院整形外科入局。2020年同大学院で博士号取得、同年よりErasmus Mundus Joint Master of Arts in Sports Ethics and Integrity（MAiSI）に入学し、2022年に修士号取得。留学中の2021年にはWorld Athleticsの独立機関Athletics Integrity Unitでインターン生として勤務し、ロシアとインドのドーピング情勢に関するインテリジェンス業務を担当。

サッカー関連では、2012年〜2018年まで千葉県国体女子サッカーチームドクターを務め、2014年以降はユニバーシアード女子、U17女子日本代表チームドクターなど歴任、主に育成年代の女子サッカーに携わっている。

スポーツとトランスジェンダー
――スポーツ医科学、倫理・インテグリティの見地から

2024年11月1日　第1版第1刷発行

著　者　　　貞升　彩
編集・発行人　浅野将志
発行所　　　合同会社ブックハウス・エイチディ
　　　　　　〒189-0022
　　　　　　東京都東村山市野口町3-34-25
　　　　　　電話090-6005-4359
　　　　　　E-mail asano@reco.co.jp
発売所　　　有限会社ブックハウス・エイチディ
　　　　　　〒164-8604
　　　　　　東京都中野区弥生町1丁目30番17号
　　　　　　電話03-3372-6251
印刷所　　　株式会社プリントパック

方法の如何を問わず、無断での全部もしくは一部の複写、複製、転載、デジタル化、映像化を禁ず。
©2024 by Aya Sadamasu Printed in Japan
落丁、乱丁本はお取り替え致します。